U0744825

文旅研究星火计划文库

WENLÜ YANJIU XINGHUO JIHUA WENKU

邢波 —— 著

互联网、大数据和人工智能：文化和旅游数字化技术方法论

中国旅游出版社

千年暗室　一灯即明

近年来，以云计算、大数据、人工智能等为代表的新一代信息技术迅猛发展，正引领着经济社会进入全新的数字化、网络化、智能化时代，深刻地改变了我们的生产生活方式。将新一代信息技术应用于文化和旅游管理服务工作，推动文化和旅游数字化转型，是文化和旅游治理体系和治理能力现代化的必然要求，对于实现文化强国目标具有重要意义。目前，各级文化和旅游管理部门积极利用信息技术提高效率、规范流程取得很好成效，但在实际工作中，还面临很多困难和问题，比如数字化基础支撑能力较弱、数据资源共享利用不足、数据驱动决策的工作模式尚未形成等。这些问题产生的原因复杂多样，有缺乏规划引领、长期投入不足、体制机制不健全、数字化人才短缺等因素，但本质上是现有数字化工作思路不适应新一代信息技术特点，对于利用新技术思维和方法论指导推动数字化转型研究不够。此外，如何为人工智能、大数据和互联网等新技术应用，提供应用场景、数据支撑和基础保障，构建新型行业治理和服务模式，需要我们以新技术方法论为指导，建设适应新技术发展需求的数字化支撑保障体系。

新技术方法论是在新一代信息技术的飞速发展和应用中形成的一系列全新思维模式和工作方法。比如，云计算技术的平台化、面向服务、弹性扩展、按需付费等特点，彻底改变了信息化基础支撑和系统建设模式，下一代软硬件基础支撑平台必须采用云计算方式规划建设。互联网技术的发展，形成了以指标体系为核心的数据监测分析方法论，使得文化和旅游行业监测落地并不断发展，构建数据驱动的监管、决策和服务新型工作模式成为可能。

佛经有云："千年暗室，一灯即明"，大意是即使一个房间已经黑暗了千年，只要有一盏灯，就能立刻照亮整个房间。智慧和真理的力量能够迅速解决长久以来的问题与疑惑。现代信息技术就像一盏明灯，推动了中华优秀传统文化创造性转化、创新性发展，彻底改变了传统旅游业的管理服务模式，催生了文化和旅游数字化。而新一代信息技术方法论也将是一盏明灯，推动数字化工作迈向新的发展阶段。现阶段，信息技术在文化和旅游行业应用层出不穷，亮点频出，但整体上看，文化和旅游数字化发展步伐较为缓慢，以数字化引领治理体系和治理能力现代化的工作格局尚未形成。在工作中，笔者发现，如果方法对头，很多问题困难的解决就较为顺利。如方向错了，花费精力、经费投入越多，就只会越做越错。而文化和旅游信息化工作在面临经费不足、人才缺乏、机制不畅等众多困难时，更需要我们厘清思路，找对路子，运用最先进的理念和方法，脚踏实地地逐步达到目标。也需要我们跳出技术细节本身，站位更高层次，聚焦重点环节，全面梳理讨论未来文化和旅游数字化技术架构。遗憾的是在信息化领域和文化和旅游行业内，系统性论述文化和旅游管理服务部门数字化工作的书籍较少，适应云计算智能化、大数据等新一代信息技术发展的文化和旅游数字化研究较为缺乏。

信息化工作既需要掌握先进信息技术，又需要对文化和旅游管理机制体制和实际情况充分了解，是一项复杂的系统性工作。本书基于技术方法论这一独特视角，从规划、构架、基础支撑、数据驱动决策和公共服务等信息化建设的主要方面，全面系统阐述现状和问题，围绕新技术发展带来的变化，提出未来建设应用方向。围绕基层文化和旅游管理部门数字化工作实践，介绍新一代智慧旅游监管服务平台建设情况。在最后收录了工作总结，这是笔者将矛盾论等哲学思想运用到实际工作的结晶。因此，本书既可以作为文化和旅游信息化部门开展工作的参考，也可以为对文化和旅游数字化感兴趣的同人提供一些素材和思路。

　　笔者长期从事文化和旅游信息化工作，在漫长的职业生涯里，从终端运维开始，从事过政府门户网站建设、信息系统开发、行业技术监测等多种工作，经历了一线技术员、管理等岗位，也曾远赴北疆挂职工作，了解基层文旅部门运作方式和信息化建设模式。用技术做一些真正有益于人民群众的小事和实事，真正发挥数字化对于文化和旅游工作的引领作用，既是梦想，也是一生的追求。希望这本书像一盏灯，为文化和旅游数字化提供一些光亮，最好能指明一些方向。

　　在本书撰写的过程中，笔者正经历着一段幽暗的时光。很多次独自秉烛夜读、埋头疾书，有不足与外人道的孤独，也有通过读书解决了长期困惑的惊喜，颇有"书读进去、人走出来"的感受。最后用一句话来概括这段难忘的经历："后来许多人问我一个人夜晚踟蹰路上的心情，我想起的却不是孤单和路长，而是波澜壮阔的海和天空中闪耀的星光。"

　　感谢妻子唐维的理解和陪伴，感谢父母对笔者梦想的支持和鼓励。在撰写过程中，本书参考和引用了国内外有关书籍和网站的相关内容，部分资源无法一一列举出处，在此一并予以感谢。由于水平有限，书中很多想法并不成熟，尚未真正落地实施。欢迎各位读者批评指正，提出宝贵意见和建议。

邢　波

2025 年 4 月 1 日

第一章

引言：数字化、智能化是推动文旅高质量发展的钥匙

1945 年，美国科学家和工程师范内瓦·布什为时任美国总统的罗斯福提交了一份名为《科学：无尽的前沿》的报告。这份报告是应罗斯福总统要求，用以回答罗斯福提出的四个主要问题。在报告的最后他写道"我们国家的未来，在很大程度上取决于我们将科学用于解决未来问题的智慧"。

这份报告为美国的科技与社会进步奠定了思想基础，催生了互联网、个人计算机等现代信息科技，创造了阿波罗登月、航天飞机和基因工程等人类科技奇迹。直到今天，各国的产业、科技政策都有这份报告的影子。我国从 1995 年提出并实施科教兴国战略，到党的二十届三中全会提出"健全新型举国体制，提升国家创新体系整体效能"，都将科技作为第一生产力，科技已成为推动经济发展、社会进步的重要力量。

当今世界正经历百年未有之大变局，以大数据、人工智能为代表的新一代信息技术正在蓬勃发展，正成为全球经济增长的新动能，给各国经济发展、社会进步、人民生活带来重大而深远的影响。文化和旅游是人民日益增长的美好生活的重要内容，在党和国家工作全局中的意义日益凸显，文化和旅游工作也越来越受到社会和人民群众关注。在以数字化、智能化为代表的新一代科技浪潮中，与其他行业相比，文旅科技发展应用既有共性，又有特性。共性在于文化产业、旅游业是对技术最敏感、运用技术最积极、应用场景最

丰富的领域，特性在于文化和旅游既有产业属性又有公共属性，兼具物质性和精神性。这就导致了在文旅领域现代科技发展应用不均衡，政府政策和措施相对滞后，需要我们正确认识和把握客观规律，针对文旅行业特点，以创新思维谋划实施工作，坚持运用系统思维，从体制机制、投资重点、工作模式等多方面多维度贯彻创新这一主线，才能推动文旅高质量发展。

1.1　数字化推动文旅行业创新发展

当前，互联网、大数据、云计算、人工智能、区块链等新技术深刻演变，产业数字化、智能化、绿色化转型不断加速，智能产业、数字经济蓬勃发展，极大地改变全球要素资源配置方式、产业发展模式和人民生活方式。当今科技的核心内容是现代信息技术不断迭代，个人计算机、互联网、云计算、大数据、人工智能层出不穷。其各个阶段的发展标志呈现为信息化、网络化、数据化、智能化。目前，人工智能不断进步，逐步实用化，智能化已成为现代信息技术发展的前沿。现代信息技术与经济社会各方面深度融合、不断渗透，形成了产业数字化与数字产业化协同发展的新格局，在提高效率、降低成本的同时，衍生出一系列新场景、新业态。文化产业和旅游业是数字经济的重要组成部分，现代信息技术给文化产业和旅游业带来的改变主要有以下几个方面。

1.1.1　推动文旅应用场景和模式创新

纵览人类文明历程，文化的发展与科技进步相互依存，特别是文化内容承载、传播方式的技术创新及应用，推动了文化跨越式发展。现代文旅产业本身就是构筑在现代信息技术基础上，从美国人爱迪生发明了留声机，法国卢米埃尔兄弟发明了电影，这些技术使得音乐、戏剧不限于剧场剧院，实现更广范围的传播，孕育了现代文化产业。比如，互联网的发展淘汰了传统唱片、VCD、DVD，催生了网络音乐和在线视频网站。现代旅游业概念的提出及不断演化，背后都有交通、信息技术迭代的因素推动，如休闲度假产业发展，就是欧洲铁路大发展后，使人们可以短时间到达海边或温泉度假地，催生了休闲度假目的地。每一次新技术的产生、成熟，都会构筑新的文旅场景，在文旅行业得到创新应用。技术创新特别是信息技术的创新，会带来更多的可能性和机遇，让用户享受更方便、更便宜且更有品质的服务，让企业找到赢在未来的契机。

新技术引领的应用场景和模式创新归根结底是顺应技术新特点，通过技术对传统业务模式进行改进、创新，从而形成新的应用场景。以互联网为代表的现代信息技术具有提升空间时间连接效率等特点，因此场景和模式创新可以归纳为以下几类。

（一）信息交互更快

在 20 世纪 90 年代以前，人类接收信息的主要方式是报纸、广播、电视等。信息和内容的好坏，决定了渠道的优劣。随着个人计算机、互联网等技术的诞生和发展，产生了新的信息传播渠道。1994 年杨致远创立了分类索引网站雅虎，一方面解决了信息传播如何更快的问题，即新闻在发生后再进行传播的时间越来越短；另一方面，将获取时间由固定时间段进化到了"随时"。此外，雅虎改变了信息获取方式，开创了内容免费、广告收费。这个商业模式为之后互联网行业发展定下了基调。雅虎的成功，带动了国内互联网创业热潮，张朝阳率先推出了中文互联网的第一个分类索引网站——搜狐，随后网易、新浪等第一代互联网平台陆续建立。互联网技术的延伸，将信息交互的范围从"人与人"向"商品与人""信息与人"扩展，从而诞生了腾讯、阿里巴巴和百度。

（二）信息交互更便捷

个人计算机和互联网技术催生了第一代文旅新场景、新业态、新产业，而移动互联网和移动终端的普及，以 4G 为代表的移动通信技术的进步，则为新一代文旅新应用奠定了基础。用户通过手机可以随时随地访问互联网，从而不再需要大量而全面的信息，简单而垂直的内容取而代之。手机的实时在线与移动定位属性决定了 O2O 类企业爆发式增长。O2O 产业围绕商品与人提供本地生活服务（外卖、团购、周边娱乐消费），OTA 产业提供出行服务（火车、飞机、景区订票和酒店预订），可以看出作为消费性服务业的主要内容，移动互联网的进步，将文旅产业数字化推向新的阶段。

（三）数据驱动服务优化

随着用户从互联网转向移动端，通过门户、平台吸引用户、获取流量，从而快速变现的商业模式已陷入了激烈的竞争，数据驱动的商业模式逐步成为新的热点。获取用户的成本不断攀升。通过数字化工具协同，结合利益连接机制的创新，形成了大量新的商业模式。如本地服务电商平台美团，通过基础地理信息（建筑位置信息、道路信息、交通情况信息），基于用户的地址和订单信息给骑手分配任务，涉及地址、路径和时间的规划，从而使数据驱动成为核心竞争力，取得巨大的成功。

1.1.2 推动文旅企业经营模式进化

市场在配置资源中起决定性作用，文旅企业是市场主体，是文旅行业的主要生产者和服务提供者，通过技术创新、市场拓展等活动推动行业发展。随着数字科技的不断成熟普及，以及新应用的不断涌现，各行业、全价值链的数字化程度不断深入。随着产业数字化持续发展，数字产业对各行业特别是文旅行业的渗透率不断提升，数字化转型推动文旅企业经营模式不断优化，主要表现在通过全方位、全链条收集整合数据，从而支撑决策、开发产品、优化售后、改善营销。

（一）资源数字化管理

越来越多的文旅企业在经营过程中，通过推动业务数字化，采用新方法、新科技等手段提升技术和管理能力，从而实现管理效能提升，支出成本降低的目标。比如，20 世纪末，制造业普遍采用的企业资源计划（ERP）系统和生产管理系统（MES），这些系统通过信息化手段改进企业内部整体绩效，其中 ERP 系统融合了主要的业务产品计划、采购、物流控制、分销、履行和销售等活动，集成运营相关的市场营销、财务会计和人力资源等功能。MES 则是面向制造车间执行层的生产信息化管理系统。通过 ERP 与 EMS 联动结合，打通了制造业的管理和生产，实现了真正制造数字化。

由于 ERP、MES 等系统最初运行在大型机上，投资巨大、维护昂贵，随着信息化技术发展，特别是互联网技术进步，原有客户端—服务端架构向浏览器—服务器（B/S）架构转换，企业信息化成本不断降低，为文旅行业实现信息化提供低成本方案。由于文旅企业自身特点，普遍通过 B/S 架构的 ERP系统来实现产品、采购、物流、分销、人力资源和财务会计功能，从而实现企业资源和业务流程的信息化管理。

（二）推动业绩增长

在数字经济时代，互联网技术不断迭代，催生出新渠道、新流量，为文旅企业开源增收带来更多可能。在带来业绩增长的同时，企业通过数据采集处理，实现全流程服务，从而优化用户体验。

一是线上用户增长。线上业务已经成为文旅企业业务扩展、利润增长的主要方向，与线下相比，线上用户数突破了时间和空间限制，线上渠道能提供更多、更详细的产品展示。此外，文旅服务产品如数字文化产品等，往往不需要物流支撑，具有消费即时性特点。文旅企业往往通过开发网站、App等搭建自身营销平台，或者借助淘宝、携程等消费互联网平台获取线上用户。由于核心流量入口是搜索引擎，因此文旅企业通过搜索引擎优化（SEO）和搜索引擎营销（SEM）等方式，通过市场需求和数据洞察用户，降低获客成本，实现用户增长。

二是精细化数字营销。随着用户线上消费规模扩大，文旅企业保存了大量用户原始数据，通过数据整合利用，用于用户分析和评估，从而实现精细化营销和服务。通过用户的社会属性、消费习惯、偏好特征等多维度数据，刻画用户或者产品特征属性，并对这些特征进行分析、统计，挖掘潜在价值信息，实现用户信息标签化，形成用户画像。在画像的帮助下，文旅企业能够更加便捷、准确地洞察用户潜在需求，一方面向用户推荐满足潜在需求的产品，从而实现业绩增长，另一方面根据用户标签和潜在需求，改进研发、生产环节，利用用户关系提供更精细化的服务。

三是全生命周期服务。现代信息技术的发展推动产品和服务全生命周期的数据收集和分析，同时建立了企业与用户的直接连接，这为文旅企业从产品和服务的全生命周期这个全局视角衡量观察自身价值提供了技术保障。通过分析用户的生命周期价值，以及用户所处的状态，首先有助于低成本高效率开展营销、获取顾客、改进产品和服务，从而在竞争中占得先机；其次通过分析全生命周期数据，挖掘出用户潜在需求，延长服务链和产业链，提供多类型多维度产品和服务；最后全生命周期和用户状态监测，为建立更加紧密的用户关系提供了可能，便于开展社群运营、IP 打造等新一代运营模式。

1.2 数字化推动文化和旅游治理能力现代化

当今世界，数字化正以破竹之势席卷全球，它以颠覆性的力量重塑各领域，深刻改变我们的生产生活方式，这是一个数字化的新时代。党的二十大报告明确提出加快建设数字中国，实施国家文化数字化战略，建设社会主义文化强国。文化和旅游管理部门是文化和旅游治理能力现代化建设的主责部门，是推动国家文化数字化战略实施的重要参与者、推动者。2018 年文化和旅游部组建以来，随着国家省市县四级文化和旅游管理体系完善，各级文化和旅游管理部门顺应数字化时代浪潮，积极利用互联网等现代信息技术，信息化建设取得长足发展，正在向数字化、智能化迈进。

文化和旅游管理部门数字化转型是数字化时代的必然要求，是国家文化数字化战略实施、建设社会主义文化强国的重要内容。随着数字技术加速融合，数字经济飞速发展，文旅高质量发展对数字化治理提出新需求，这些都为数字化转型实现治理能力现代化奠定了基础。

首先，技术创新提供基础支撑。近年来，大数据、云计算、人工智能、5G、物联网等现代信息技术取得突破性发展，各类技术之间融合不断深入，这些为文旅管理部门借助相关技术加快变革监管模式和服务方式奠定了基础。

其次，党中央、国务院提出一系列数字政府要求。2018 年，国务院印发《国务院关于加快推进全国一体化在线政务服务平台建设的指导意见》（国发〔2018〕27 号），提出加快建设全国一体化在线政务服务平台，推进各地区各部门政务服务平台规范化、标准化、集约化建设和互联互通，形成全国政务服务"一张网"。2018 年 8 月国务院办公厅印发《国务院办公厅关于印发全国深化"放管服"改革转变政府职能电视电话会议重点任务分工方案的通知》（国办发〔2018〕79 号）中提出构建"互联网 + 监管"系统的目标任务。2022 年，国务院印发《关于加强数字政府建设的指导意见》，就主动顺应经济社会数字化转型趋势，充分释放数字化发展红利，全面开创数字政府建设新局面作出部署。

最后，文旅数字经济发展形成倒逼效应。据统计，2020 年，数字经济规模达 39.2 万亿元，占 GDP 的 38.6%。文化和旅游是现代服务业的重要内容，我国服务业增加值占国内生产总值的比重从 2012 年的 45.5% 提升至 2021 年的 53.3%。随着数字经济对文旅产业的渗透，在消费性服务业和公共服务业领域，产生了大量文旅新业态、新场景、新产业，这些产业发展带来了数字化监管和服务的管理需求，倒逼文化和旅游管理部门进行数字化转型。

在此背景下，数字化转型逐步成为文化和旅游管理部门转变政府职能的主要方向和提升监管服务能力的核心手段。因此，对于文旅部门而言，什么是数字化转型，怎样实现数字化转型，如何衡量数字化转型，成为当前立足新发展阶段、贯彻新发展理念、构建新发展格局的必选项和必答题。

文化和旅游管理部门数字化转型的概念，目前还未形成一个公认的定义，但大家一致认为数字化转型是一个复杂、全要素的系统工程，不仅仅是对互联网、大数据和人工智能技术的创新应用，更重要的是顺应现代信息技术的特点，通过管理方式和运行模式的转变，实现履职能力、管理成效和服务水平的提升。从数字化发展角度看经历了以下阶段。

（1）网站建设阶段。各级文化和旅游管理部门通过政府上网工程分别建设了门户网站，这也是政府部门信息化开端，从政府上网开始，在政府部门内部逐步建立起信息化部门。

（2）信息化阶段。根据各自业务需求，建成电子公文、业务管理等信息系统，用于支撑日常办公和管理；部级层面通过文化市场技术监管平台、旅游市场监管服务平台等垂直业务系统，实现了部分领域的全国数据集中。

（3）互联网化阶段。随着互联网特别是移动互联网普及，人民群众生产生活各方面逐步向互联网端转移，互联网与文旅业务紧密融合。在文旅部门内部，按照国家统一要求，开展信息系统整合、一体化政务服务平台建设等建设项目，文旅部门开展整体谋划数字化工作，实施"互联网＋政务服务""互联网＋监管"，信息化工作格局更加集约，整体框架更加明晰。

（4）数据化阶段。随着统一信息化架构基本形成，信息化在推动行业管理、政务服务效能提升的同时，积累了大量、多类型的数据，一方面通过实施数据治理，整合数据形成业务运行指标体系，从而开展业务运行监测、预警，提升监管能力；另一方面通过数据模型化，创新开展数据服务，形成一系列数据产品，为公众提供数据服务。此外，数据化阶段是以数据为主要管理要素，还将推动更多管理环节以数据采集为主要目标，开展信息系统建设，从而实现更多文旅业态的数字化监管。

（5）智能化阶段。智能化阶段是之前"电子化""信息化""互联网化"等理念的延续，但内涵却更加丰富。首先通过数据积累，研发有关算法，产生视觉检测、大语言模型等智能应用，从而改变管理服务模式；其次通过智能体的发展，进一步实现一体化、集约化的文旅大脑，以智能理念重构政府管理架构、流程和工具，实现政府职能转变。

第二章
文化和旅游信息化发展现状

2.1 文化和旅游信息化概述

文化和旅游业可以分为文化事业、文化产业和旅游业。从参与主体来看，可分为公众、文化事业单位、文旅企业和政府部门。文旅企业是文化产业和旅游业的参与主体，通过经营管理、业务创新服务社会公众，从而实现自身价值。文化产业和旅游业的数字化是数字经济重要内容，文旅企业通过自身经营理念转变、业务模式创新等举措，推动文旅产业数字化和数字产业化。鉴于文旅业态众多，各行业间差异较大，限于篇幅和作者研究方向，不做较细讨论，仅根据新一代信息技术对宏观影响进行阐述。

引言中，数字化发展分为网站建设、信息化、互联网化、数据化和智能化五个阶段。目前，文旅数字化正处在互联网化向数据化发展阶段，而信息化既可代表现阶段数字化水平，又是约定俗成的工作概念，因此本章使用文化和旅游信息化进行讨论。

根据以上概念，文化和旅游信息化工作是利用物联网、5G、云计算、大数据和人工智能等新一代数字技术，建设以人民为中心、信息完整共享、跨部门服务的文旅信息管理和服务体系，提升公共服务、传承保护、智慧管理等履职能力。主要研究文化和旅游管理部门和文化事业单位数字化发展，重点从数字政府建设、公共服务、文化传承保护来进行讨论。

文化和旅游信息化的范围主要包括三大领域。

（1）政府管理信息化：通过大数据分析、智能决策、自动化流程等手段，实现文化和旅游各业务的精细化管理。

（2）公众服务信息化：依托网站、移动应用、自助终端等线上方式和文博场馆、文艺演出等线下方式，为公众提供便捷、高效、个性化的公共文化和旅游服务。

（3）文化传承保护信息化：围绕历史文化遗产传承保护工作开展信息化建设，紧扣历史文化遗产的保护、管理、研究和利用等核心环节，实现数据集成互通、业务协同等功能，实现文化遗产保护和传承创新的数字化。

2.2　政府管理信息化发展现状

政府管理信息化主要是文旅管理部门利用现代信息手段，优化工作流程、提高工作效率、强化对文旅行业监管，提升履职能力。近年来，按照国务院关于数字政府、"互联网＋监管"的一系列要求，各级文旅管理部门根据自身职能需求，实施了多项重大信息化工程，建成了一批信息系统，文旅信息化支撑保障能力进一步增强，工作效能进一步提升。下面选择部分具有代表性的方面进行介绍。

2.2.1　综合监测与应急指挥

文化和旅游部于 2018 年启动了综合监测与应急指挥平台建设，平台建设的目标是"行业监测精准化、指挥调度高效化、支撑决策科学化"，围绕这三个目标平台开发建设了多个模块。平台落实国务院"互联网＋监管"系统建设要求，依托数据共享交换平台，对接部内数十个业务系统，汇聚兄弟部委、互联网企业、移动运营商等社会面数据，初步建成覆盖文旅全要素的动态、准确的监测系统，利用可视化手段，全面展示了文化和旅游工作整体运行态势。

　　文化和旅游部先后印发了多份标准和指导性文件，推动各省建立省级业务监测和应急指挥平台。2023 年文化和旅游部办公厅印发《关于进一步加强省级综合监测与应急指挥平台建设对接工作的通知》，推动各省按照统一标准建设对接，目前全国 31 个省（区、市）和新疆生产建设兵团已有 29 个建成省级监测平台，其中 21 个省级平台完成标准通用视频调度系统改造。各省普遍把运行监测平台建设作为加强行业运行监测工作的重要抓手，已建成和在建的各省级平台基本以支撑文化和旅游业务管理为主，汇聚各类业务数据，可实现信息报送、统计分析、视频监控、预警预报等功能，满足辅助决策、应对网络舆情和突发事件的需要。

　　各省级文化和旅游管理部门相关业务处室与信息化支撑部门协同联动，依托平台开展常态化行业运行监测和假日指挥调度，对改进工作手段、提高工作效率、提升工作质量发挥了重要作用。如青海省文化和旅游厅聚焦假日、旺季旅游市场管理，整合应急、市场监管、资源管理等业务处室力量，加强线上预警、线上调度、线上处置，以融合通信驱动智能管理，不断提高旅游市场安全预警、指挥调度、智慧支撑和应急处置能力。

2.2.2　文化和旅游市场监管

2.2.2.1　全国旅游监管服务

　　全国旅游监管服务平台（以下简称"平台"）是全国文化和旅游主管部门履行旅游监管职责的重要信息化工作平台。平台自 2018 年全面启用以来，全国各级文化和旅游主管部门广泛使用平台开展行政管理工作，对推动线上行政审批规范化、监管工作信息化发挥了重要支撑作用。整个平台目前已开发旅行社资质、团队管理、电子合同、导游管理、安全管理等业务系统。根据业务不同基本分成旅游主体（导游、旅行社、星级饭店）及主管部门两端业务，部分业务系统还开发了 App 用于移动办公。

2.2.2.2　文化市场技术监管

　　原文化部启动了全国文化市场技术监管与服务平台建设。平台已完成多个业务系统的建设，包括覆盖原文化部职权范围内娱乐、演出、艺术品、网络文化等市场门类的主体设立、活动及产品报审报备、内容自审等功能的准入审批系统；根据各地综合执法工作需要，实现文化、文物、新闻出版广电、版权等市场领域举报处理、日常检查、案件办理等业务功能的综合执法系统；根据年度统计工作需要，汇总文化市场经营主体经营信息的统计直报系统；对网络游戏、网络音乐、互联网上网服务营业场所三个行业部分管理事项实现技术监管的动态监管系统；为平台数据提供地图展现方式的地理信息系统；以网络游戏为示范应用，综合该领域各类业务数据，进行综合智能分析的决策支持系统；改进执法模式，提高执法效率的移动执法系统；集中展现全国审批、执法、视频监控情况，通过云视频实现与一线执法人员信息交互，对突发事件进行现场指挥的应急指挥系统；为全国执法人员提供在线培训及考试的培训考试系统；提供文化市场行政处罚信息、文化市场主体与产品信息的公众查询服务，为地方相关信息化系统提供数据支撑的公共信息服务系统。

除此之外，平台还建设完成了中国文化市场网、应用服务支撑平台和以"一户一档"为核心的文化市场信息资源库。

2.2.3 信息系统整合及数据应用

2017 年，国务院印发《国务院办公厅关于印发政务信息系统整合共享实施方案的通知》（国办发〔2017〕39 号），发改委印发《加快推进落实〈政务信息系统整合共享实施方案〉工作方案》（发改高技〔2017〕1529 号），在全国部署推动政务信息系统整合共享工作，要求围绕制约"放管服"改革深入推进的"信息孤岛"问题，初步实现各部门整合后的政务信息系统统一接入国家数据共享交换平台。

文化和旅游部认真推进落实《实施方案》和《推进工作方案》有关要求，整合业务系统，统一技术支撑，推进数据共享和业务协同。一是开展政务信息系统清理整合。加快内部政务信息系统清理整合，形成政务信息系统接入共享清单，构建统一政务服务平台，优化网上服务流程，创新政务服务模式。

二是推进政务信息资源建设。深入开展政务信息资源调查摸底，完善政务信息资源目录，加快内部信息资源整合，构建政务信息资源共享交换平台。三是推进政务信息系统整合应用试点。通过试点形成科学、可行的技术方案和标准规范，推动各系统向统一平台整合对接，实现跨司局、跨系统的信息共享和业务协同。四是实现与国家数据共享交换平台的对接，提供共享目录资源，初步实现与其他部门信息系统的基本联通。

2.2.4　内部办公主要应用

2.2.4.1　公文流转及处理

为进一步统一部系统公文处理、日常管理流程，提高工作效率，降低行政成本，全面推动文化和旅游部系统无纸化办公，文化和旅游部开发部署了主要有以下功能的机关综合办公系统。

（1）公文处理模块。满足中办、国办联合下发《电子文件管理暂行办法》（厅字〔2009〕39号）、《电子文件管理标准体系框架》和国家档案局关于印发《电子档案移交与接收办法》的通知（档发〔2012〕7号）、《中文办公软件文档格式规范》等电子文档管理、档案移交、安全管理规定的要求，实现公文管理中起草、审核、传阅、批示、签发、督办、查询、归档和网上发布等全流程的计算机化管理。主要包含司局函件、司局报批件、司局收文等统一文种以及相对应的工作流程，且实现公文的下载、打印等功能。

（2）综合事务管理。事务管理工作采用表单加审批流程的方式，实现非正式公文类事务工作的起草、办理、查询、归档等功能。可实现委托办理、通讯录、请假单管理、合同管理、信息发布管理、个人办公、待办和已办、个人日程、领导日程、个人记事本、个人备忘、部门通知等功能。

（3）各业务系统对接整合。通过整合各业务系统，实现各系统的统一登录，统一管理，实现本单位数据共享和业务协同。

（4）移动版。实现公文、个人事务、综合办公等业务的移动办理，进一步提高工作效率和节省办公成本。

2.2.4.2 视频会议

全国文化和旅游视频会议系统始建于 2007 年，系统与全国 31 个省（区、市）和新疆生产建设兵团连接，包括国家文物局、各省区市文化和旅游厅局、部直属单位等共 60 余家单位联入系统，可召开实时的标清音视频会议。系统基于标准的 H.323/SIP 架构视频协议采用业界主流的 H.264 编码同时兼容 H.261、H.263 编码，实现 1080P 高清视频图像传输；支持音频编解码协议 AAC-LD/LC，采用 48K 采样率、码率最高达 96k，并且提供多声道语音支持，给实时通信带来 CD 级的音质效果。支持 H.239 高清双视频流和 SXGA 输入 / 输出特性，最高可达到 1080P60fps。采用高可靠高稳定 MCU 组网，各会场部署高清终端，具有统一管理，维护简单，易于扩展等特点。

2.2.5　省级文化和旅游管理信息化现状

各省级文化和旅游管理部门顺应信息化发展趋势，深入贯彻落实国家文化数字化战略，以文旅深度融合为总牵引，结合自身实际，大力推进文化和旅游数字化工作，通过创新赋能和技术赋能叠加效应，推动文旅高水平融合、高质量发展、高效能治理。下面选取三个具有代表性的省份进行介绍。

（1）山东省文化和旅游厅"好客山东　云游齐鲁"智慧文旅平台。平台以大众消费需求为导向，建设山东智慧文旅融合大数据中心，国内外游客智慧服务平台、政府综合监管服务平台、文旅企业综合服务平台、全域文化创意产业平台的"一中心四平台"体系。在产业资源整合上，依托"好客山东云游齐鲁"智慧文旅平台，融合全省 16 市文旅资源，积极推动"省市联动一体化"局面。在数据资源整合上，推动全省涉旅数据应接尽接，打通"信息孤岛"，以文旅融合大数据中心建设为重点，构建文旅数据资源体系。通过数据资源汇聚整合，对加快文旅资源数字化进程，推动文旅数据共享和应用发挥了重要作用。在业务资源整合上，依托"好客山东　云游齐鲁"智慧文旅平台，推出"好客山东一码通"，基于大数据、云智能、人脸识别、5G 等技术，联合省内数百家景区、酒店、影院、文博场馆、交通行业等，打造一码入园、一码通行的生态联盟。2023 年起重点聚焦景区等资源整合，截至目前已整合淄博博山红叶柿岩景区、沂蒙山银座天蒙山、黄河口生态旅游区、青州古城、临朐沂山景区、临朐老龙湾、临朐石门坊、新甫山、灵岩寺等近百家景区。用户 199 元即可享受一码通行、一年无限畅游、多次入园、权益折扣等文旅福利。

（2）四川省文化和旅游厅"智游天府"平台。"智游天府"初步实现了全省文旅行业的智慧监管、公共服务的在线供给、机关办公的在线运转、行业数据的归集共享，建立了保障运维机制，满足了文旅行业智慧化管理服务的基本要求。平台接入全省提供文旅服务的企事业单位共计 2 万余家，公共厕所、停车场等公共服务类场所近 1.2 万个；共计发布文旅服务信息超 10 万条，注册志愿者约 12 万名；汇聚六大类文化资源数据 310.2 万条，旅游八大类资源数据 26 万余条，资源照片约 550 万张，视频约 2.6 万部。大力推进数据协同交换，打通公安厅、人社厅、交通厅、省大数据中心等多个部门平台接口，实时查看景区周边交通道路数据，调用全省客流分析数据，游客住宿数据，游客画像等；部分市（州）和峨眉山、都江堰、九寨沟等 4A 级以上景区都建立相应信息化平台，也与"智游天府"平台实现了数据无缝对接。旨在形成文旅系统"上下互联、内外贯通"的全省文旅大数据体系，提升文旅行业运行监测能力。

（3）浙江省文化和旅游厅"浙文旅·游浙里"应用。"浙文旅·浙里文化圈"着眼于构建"24 小时不打烊"的在线文化空间，构建"看书、观展、演出、艺培、文脉、雅集、知礼"七大场景，提供省市县乡村五级联动的一体化、模块化服务，为公众打造丰富多彩的"一站式文化链接"。"浙文旅·浙里文化圈"于 2022 年 10 月 26 日正式上线，平台注册用户数达 526 万人。2023 年全省依托"浙里文化圈"应用开展文化活动超 100 万场次，开展 20 期"浙里文化圈·请您看演出"预约报名、抽奖活动，其中"五月天演唱会"单场报名预约人数超 23 万，上线一周年服务预约达 463.9 万人次，矩阵式媒体宣传推广超 158 篇次，全网总浏览量超 2650.3 万。为促进全域文化繁荣和全民精神富有提供坚实支撑。"浙文旅·游浙里"应用跨部门协同交通、公安、气象等部门，跨领域整合 OTA 平台数据，形成"问题发现—过程管控—量化评价—结果晾晒"的旅游风险监管闭环，打造"需求挖掘—整合共享—精准服务—成效反馈"的服务闭环。旅游通游客服务端"游浙里"聚焦游客出行所需，集旅游资讯、公共服务、电商等功能于一体，整合景区、住宿、美食、交通、风物、场馆等涉旅资源，为游客提供热门推荐、特价抢购、数字榜单、深度玩法、行程定制等新潮玩法，并通过跨部门数据整合，推出预警预报、舒适出行、安心出游等公共服务，为游客提供权威、智能、便捷的服务和体验。游浙里于 2023 年 2 月 21 日正式上线，注册用户数已超 270 万人，2023 年点击量达 5100 万次，创历史新高。

2.3　公共服务信息化

2.3.1　网站及新媒体

近年来，随着文化和旅游工作越来越受到社会公众关注，各地全面把握媒体融合发展趋势和新媒体传播规律，大力开展文旅网站及新媒体建设，不断提升文化和旅游政务信息传播力、引导力、影响力、公信力。文化和旅游网站及新媒体是面向社会公众提供信息服务的主要阵地。主要有文化和旅游部政府门户网站、各省级文化和旅游厅局门户网站、各文旅事业单位网站及各文化和旅游媒体网站等。各单位纷纷注册新媒体账号，建立新媒体团队，一批优质账号出新出彩，众多有思想、有温度、有情怀的内容叫好叫座，文旅政务新媒体呈现百花齐放的良好局面。

文化和旅游部政府门户网站是文化和旅游领域最全面的政务公开平台、最权威的政策发布解读和舆论引导平台。部政府门户网站通过不断优化工作流程、丰富内容供给、整合优质资源、拓展服务范围，持续提升资源汇聚、移动传播、场景服务、安全保障等服务能力，让群众"找得到""看得懂""办得成""用得好"。2023年网站共发布信息9498条,维护专栏专题41个,新开设专栏专题3个。发布解读信息97条,回应公众关注热点和重大舆情26次。提供政务办理服务9项5234件,注册用户509394个。办理留言2288条。

文化和旅游部在微博开设"文旅之声"账号,2023年关注数1199962个,共发布2819条信息。开设"文旅之声"微信公众号,2023年订阅数639319个,共发布1251条信息。抖音账号"文化和旅游部"发布视频631条,粉丝量515224。

2.3.2 互联网 + 政务服务

近年来,党中央、国务院在大力推进"互联网 + 政务服务"和加快政务服务平台建设方面,先后出台了《关于加快推进"互联网 + 政务服务"工作的指导意见》《关于印发"互联网 + 政务服务"技术体系建设指南的通知》《关于深入推进审批服务便民化的指导意见》《关于进一步深化"互联网 + 政务服务"推进政务服务"一网、一门、一次"改革实施方案》等一系列重要文件,特别是2018年7月国务院印发《关于加快推进全国一体化在线政务服务平台建设的指导意见》,提出了加快构建以国家政务服务平台为总枢纽的全国一体化在线政务服务平台等重点任务和实施路径。

截至2019年,文化和旅游部部级政务服务事项共15项,其中行政许可事项6项,公共服务类事项9项。作为中央业务指导部门,指定地方实施行政许可事项24项,需要从业务角度指导推动地方统一标准进行开发,归集地方许可类事项审批情况、证照信息,实现数据共享和业务协同。2018年年底,按照国务院办公厅统一部署,文化和旅游部一体化在线政务服务平台启动建设,2019年8月,平台完成初步验收,投入试运行。平台可概括为"327":"3"个门户,即互联网政务服务门户、移动互联网政务服务门户(App)和对内统一工作门户;"2"个数据库,即政务服务事项库和电子证照库;"7"个应用系统,包括服务应用支撑系统、统一身份认证系统、电子印章系统、政务信息数据资源共享系统、安全管理系统、运维管理系统和安全交换系统。一体化在线政务服务平台是对外提供政务服务实现"一网通办"的统一平台，履行管理职责开展业务的工作平台，与国务院各部委、各省（区、市）进行数据共享和业务协同的枢纽平台。

2.4 文化传承保护信息化典型案例

历史文化遗产是中国历史长期演进、中华儿女辛勤奉献和经济社会发展进步的文化结晶，具有重要价值。文化传承保护是文化和旅游管理部门的重要工作内容，文化传承保护信息化工作是在坚持保护第一、保护优先的基础上，利用大数据、人工智能等现代信息技术，对物质文化遗产（文物）和非物质文化遗产开展保护、管理、研究和利用，做到有机结合、守正创新，真正让历史文化遗产"活"起来，推动社会主义文化繁荣兴盛，更好传承历史文脉，更好建设中华民族现代文明。

按照工作职责划分，文化传承保护信息化工作主要依托各级文化和旅游行政部门、各级文物部门和国有博物馆等公共文化服务机构开展。各单位信息化建设已经取得了一定的进展，许多单位已经引入了信息化技术，包括藏品数字化、基础数据库、视频监控等，一些大型博物馆建立了统一数字化的服务平台，提供在线预约、线上游览等，提高了服务的效率和质量，一些单位还建立了智慧化管理平台，实现了信息共享和数据分析。下面选取较为典型的案例进行介绍。

2.4.1 数字博物馆案例：数字故宫

（一）文物藏品数字化

1999 年起，故宫博物院以建设文物管理信息系统为契机，前后花费近 10 年时间，终于完成了 95% 以上院藏文物的账务核对工作，将文物总账的上百万条信息及 2 万多件文物数字影像率先录入系统，给文物正式建立了"数字户口", 完成了故宫文物藏品数字化管理的第一步。此后, 影像资源管理、图纸资源管理、视音频资源加工管理等业务系统相继建立。2019 年以来, 分类别制定了清晰易行的技术标准和作业规范, 实现故宫文物藏品所有大类和全部 251 个文物小类基础影像拍摄标准全覆盖。积极引入社会力量协助采集拍摄, 保障每年有 6 万 ~8 万件文物数字影像信息得以采集入库, 并结合基础影像采集开展了文物藏品编目工作, 进一步提升文物管理、研究的能力。目前, 故宫已经完成了 60 多万件文物的数字影像采集, 还有 100 多万件文物的数字影像采集尚待完成, 将按照每年 75000 件的速度来推进。

(二)数字展示与主题数字展览

2001 年 7 月, 故宫博物院官方网站 www.dpm.org.cn 正式发布上线, 深藏禁宫的文物藏品首次通过互联网以数字形态与观众见面。网站设置紫禁城游览、藏品精粹、故宫藏书、网上博物苑等 14 个栏目, 为文博爱好者、研究者提供了 600 多万字的故宫文物藏品信息、4000 余张文物影像信息、2 万多页学术期刊等资料。通过两次重大改版不断梳理完善网站结构, 专门增设青少年版网站, 并根据国外观众阅读使用习惯推出全新英文版网站, 为社会公众提供更为便捷的数字资源服务。2015 年, 端门数字馆开馆, 先后推出"故宫是座博物馆"和"发现·养心殿"两个主题数字展览, 在集成故宫多年积累的数字资源、数字项目的基础上加入了 VR、AI 等新技术手段, 实现各类文物数字资源与最新技术手段的碰撞与融合, 进一步拓展了数字展示服务的边界和空间。此后, 故宫博物院通过三维数据、VR 作品和交互展项, 以线下数字展览展示形式让故宫文物"活起来"、故宫建筑"走出去", 为公众提供更为生动、立体的博物馆文化服务, 如"纹"以载道—故宫沉浸式数字体验展、《紫禁城·天子的宫殿》系列 VR 作品以及"数字文物库""故宫名画记"等数字服务矩阵。

(三)数字文物库

2019 年 7 月, 故宫博物院开发完成"数字文物库"项目并首次在官网发布, 一次性公布了 5 万件文物藏品的高清图片, 将数据库的"管理"功能向着为公众提供文物基本信息和高清影像的检索、浏览"服务"方向转化, 不仅为公众观摩、研究故宫博物院藏品提供服务，同时还成为社会研究、提取传统文化素材和开发文创产品的数据库。2020 年，全新版本的"故宫博物院藏品总目"更新上线，186 万余件 / 套院藏文物目录实现了实时检索，满足了社会公众对故宫博物院基本藏品信息的查询使用需求，进一步完善和充分发挥博物馆的社会服务功能。

（四）云游故宫

为降低各种突发因素对实体旅游展览的持续影响，故宫博物院于 2020 年 2 月 4 日在手机端率先推出"云游故宫"，集成了"数字故宫"多年来积累的数字资源和交互项目，开辟"云游故宫"专题，让观众足不出户"逛故宫""看展览""赏文物""听讲座"，随时随地欣赏和利用故宫的丰富文化资源，上线不到半年时间总访向量达 1300 万人次，并获得当年国家文物局"中华文物全媒体传播精品项目推介"。

（五）"数字故宫"小程序

2020 年，故宫博物院发布了"数字故宫"小程序，进一步整合了故宫在线数字服务。2021 年年底，升级后的 2.0 版本上线，整合了"智慧开放"理念。新版小程序优化和添加了在线购票、预约观展、院内购物等实用板块，进一步完善一站式参观体验；新增更加精准的开放区域线路导航、参观舒适度指数等重要开放服务功能，支持用户实时查看故宫各主要开放区域的参观舒适程度，并内置 7 条"定制游览线路"；进行了无障碍功能升级以适应更广泛人群的需求，让无障碍人群、老年人既能在指尖云游故宫，也能通过小程序享受更多线下游览便利。

2.4.2　非遗保护案例：非物质文化遗产项目管理平台

为加强非物质文化遗产传承保护，采用信息化手段提升管理成效，非物质文化遗产管理部门开发建设了非物质文化遗产项目管理平台。平台包括国家级非物质文化遗产代表性项目管理、非物质文化遗产项目资金管理、传承人管理以及生态保护区管理模块。

国家级非物质文化遗产代表性项目管理模块，满足了国家级非遗项目认定工作中的相关需求，系统实现了申报材料的网上填写、审核、评审和公示等流程。在第四批国家级非遗项目认定工作中，平台接收申报单位的 1000 多份申报书以及对应的 1000 多个音视频资料，通过业务专网传输的数据总量可达 600G。

非物质文化项目资金管理、传承人管理以及生态保护区管理模块，完成了国家级非遗项目资金、传承人、生态保护区的线上申报、审核、公示和保护工作验收等流程。2012 年建立至今，已实现文旅部与全国 30 多个省（区、市）的 2594 个项目保护单位、2682 个国家级非遗项目之间的资金评审和分配，全国 17 个生态保护区、1987 个项目传承人的网上管理。

2.5　文化和旅游信息化工作中存在的问题

2.5.1　顶层设计缺失，缺乏统一的建设规范和标准

文化和旅游信息化是一个涉及全局、不断迭代、持续更新的系统性工程，需要战略性、系统性的顶层策划。但目前文化和旅游信息化建设尚未实现统一规划，没有具有战略性、前瞻性的面向未来的发展蓝图。这是文旅信息化发展缓慢、各种乱象产生的根本性原因。一方面，各业务条块各自为政、重复建设，数据业务无法打通，网络安全问题层出不穷。另一方面，现代信息技术与业务融合发展，需要专业性、前瞻性、系统性的研究和探索，没有规划引领，这方面工作尚未开展，导致文旅信息化建设原地打转甚至倒退。久而久之，文旅管理部门从体制机制、工作方式等都无法适应飞速发展的现代经济社会发展需求。

虽然出台了一些文旅信息化建设标准，但总量偏少，尚未真正形成体系化。人工智能、大数据等前沿性标准并未开展准备，有的标准颗粒度较粗，对于信息化工作指导性不强，甚至无法落地。有的标准更新速度慢，不适应

信息技术发展速度。有的业务工作标准涉及信息化，但没有信息系统支撑，没有监督贯彻的手段和条件。从全国来看，各文化和旅游单位信息系统大都源于不同厂商，这就导致数据标准和格式不兼容、数据描述和后台架构等均不一致，各个信息系统之间整合困难，给统一规划布局带来困难。

2.5.2 基础设施不完善，支撑保障能力不足

国家级层面，文化和旅游系统网络及基础设施尚未形成统一、有效的企业级架构。虽已初步建成覆盖全国的国家省两级业务网络，但带宽较小，利用率不高，无法支撑大容量音视频监测等业务应用。尚未形成支撑大型互联网化应用的互联网网络支撑格局。计算资源分布式架构尚未形成，资源弹性调度能力不足，生产运维自动化、可视化、智能化不足。面向未来需要的大数据、人工智能的算力基础设施尚未建立。例如，在云计算方面距离自助取用、充分保障和精准计量的目标还有很大差距。

2.5.3 数字化应用场景较少、各领域数字化发展不平衡

距离业务数据化目标距离较远，比如市场管理、行政执法、非遗保护等领域已完成统一平台建设和数据整合，艺术、公共、产业等业务平台尚未建成，全国有的省份已完成统一平台建设和资源汇聚，有的省份信息化建设尚在起步，基础视频监测平台都未建立。业务部门利用数字化手段开展工作的主动性较少，技术部门缺乏数字化场景构建能力，全国层面典型的数字化应用场景较少，导致部分已建平台利用率低，部分重点领域由于基础业务平台未建成，基础数据不清、运行状态不明，对于行业管理还停留在发文、开会、收材料阶段。比如，文旅产业作为现代服务业的核心内容，主要是服务于人的，对于重点文旅场所，如旅游景区、剧场剧院、文博场馆接待人流量没有实时、准确、全国统一的流量统计系统，仅靠抽样统计测算，导致产业运行，特别是假日运行情况缺乏有效掌握，通过数据发现问题、发现规律、发现方向，从而优化业务流程和工作模式就更无从谈起了。

2.5.4　业务数据尚未融合，数据质量滞后，价值难以发挥

由于业务数据化尚未完成，文旅系统信息化建设思维停留在增强管理效能，推动业务标准化、规范化的阶段，尚未向数据业务化转变，即将数据相关整理、分类、优化、计算变成一项业务，将数据产品化、价值化。表现在尚未建立统一、有效的数据治理技术平台和工具，没有真正落实数据管理体系，各业务系统间数据不共享，导致重复采集，形成数据孤岛。数据标准体系不健全，管理体系不完善。基于数据的业务模型化建设尚未开展，描述业务运行的有效、科学的指标体系并未建立，由于没有构建有效的线上线下数据采集、应用体系，导致文旅政府管理基本被排斥到行业之外。

2.5.5　网络安全和隐私泄露问题日益突出

随着全社会数字化进程加快，网络安全形势日益严峻。由于文旅行业各领域数字化发展不平衡，网络安全监测预警、防护能力不足，木桶效应严重。网络安全支撑保障能力不足，缺乏统一的网络安全预警监测、应急处置的安全平台，网络安全制度、工作机制有待完善。从全行业来看，文旅服务中存储的多是公众个人数据，一旦出现数据的泄露或者滥用，将会面临巨大的损失。另外，网络病毒的攻击、软件及系统漏洞、黑客和木马的潜入等，这些均会使文旅服务出现业务中断和数据丢失等，带来巨大的社会负面影响和经济损失。

2.5.6　数字化转型体制机制不顺畅，复合型人才缺乏

要实现全面数字化需要在文旅全领域、全过程中实现技术与业务融合，涉及组织变革、流程再造、资金投入和技术架构调整等一系列问题，是一个复杂的、长期的系统工程，需要自上而下强有力推动。目前尚未明确数字化转型领导机制和落实机构，信息技术部门与业务管理部门缺乏有效协同机制，信息技术部门将工作较多聚焦在保运转、保安全上，用技术创新带动业务创

新困难较大。信息技术人才数量、质量都不足以满足需求，老中青结合的支持技术管理和落实的队伍尚待完善，尤其缺乏一批懂技术、会管理的复合型人才，这明显不利于文化和旅游管理部门持续转型、持续创新、持续发展，也不利于文化和旅游业务工作的长期发展。

第三章

技术引领创新方法论：文化和旅游业务与技术融合

3.1 关键技术概述

数字化是当代科学技术发展的主要领域，智能化是新一代技术革命的显著标志。数字化技术是借助以微电子学为基础的计算机技术和电信技术的结合而形成的手段，对声音、图像、文字、数字和各种传感信号的信息进行获取、加工、处理、储存、传播和使用的能动技术。其核心是信息学，并包括了一系列广泛的技术群，如微电子技术、光电子技术、通信技术、网络技术、感测技术、控制技术、显示技术等。

数字化技术具有综合性强、应用广等特点，随着多年发展和不断迭代，物联网、5G、云计算、大数据和人工智能等关键技术成熟并广泛应用，文化和旅游领域应用并发展了大量成熟的数字化技术解决方案。以应用场景划分，文化和旅游数字化涉及的关键技术可分为三个方面，即感知、互联和智能。

感知类：通过多感官渠道（温度、空间、触觉、听觉、视觉等）感知物理世界并将其转变为数字信号，实现情境感知、交互和沉浸式的用户体验；如物联网、智能视频监测、移动信令监测等技术。

互联类：将所有的数据实现在线联结，从城市、高山、太空等不同领域实现宽、广、多、深的联结；如互联网、5G 通信、北斗卫星导航等技术。

智能类：通过大数据和人工智能的应用实现万物智能。数字孪生将在个人、家庭、行业和城市中逐步普及。如大数据、云计算、人工智能等技术。

感知、互联和智能三种应用方向将不断融合、互相促进，锚定人工智能为核心的智能化发展方向，通过技术创新引领模式创新、理论创新、产品创新和管理创新，从而整体提升数字化水平。

3.2 物联网

物联网是通过信息传感设备，按照约定的协议，把任何物品与互联网连接起来，进行信息交换和通信，以实现智能化识别、定位、跟踪、监控和管理的一种网络。

3.2.1 体系架构

标准的物联网架构从下至上依次是：感知层、网络层和应用层。

（1）感知层。感知层使用传感器、智能终端、RFID 电子标签等设备，运用智能传感、身份识别以及其他信息采集技术进行信息收集，并接收控制指令对设备运行进行调整。

（2）网络层。网络层通过各种有线、无线通信网络实现信息数据的快速、可靠、安全传输，既自下而上地传输感知信息，又自上而下地传输控制指令。

（3）应用层。应用层负责对海量的感知信息进行汇总、共享、分析，并依据处理结果进行智能决策，相当于人体的大脑。应用层分为应用支撑子层和应用服务子层两个部分，应用支撑子层用于支撑跨行业、跨应用、跨系统之间的信息协同、共享和互通。应用服务子层负责提供控制、管理和应用等各种服务。

3.2.2 物联网关键技术

（一）感知技术

感知技术又称为信息采集技术，它是实现物联网的基础。目前，信息采集主要采用电子标签和传感器等方式完成。

电子标签用于对采集的信息进行标准化标识，数据采集和设备控制通过射频识别读写器、二维码识读器等实现。射频识别（RFID）是一种非接触式的自动识别技术。RFID 通过射频信号自动识别目标对象并获取相关数据，识别过程无须人工干预，可工作于各种恶劣环境。RFID 电子标签就是一种把天线和 IC 封装到塑料基片上的新型无源电子卡片，具有数据存储量大、无线无源、小巧轻便、使用寿命长、防水、防磁和安全防伪等特点。RFID 读写器（PCD 机）和电子标签（PICC 卡）之间通过电磁场感应进行能量、时序和数据的无线传输。

传感器是机器感知物质世界的"感觉器官"，用来感知信息采集点的环境参数；它可以感知热、力、光、电、声、位移等信号，为物联网系统的处理、传输、分析和反馈提供最原始的信息。随着电子技术的不断进步，传统的传感器正逐步实现微型化、智能化、信息化、网络化；同时，我们也正经历着一个从传统传感器到智能传感器再到嵌入式 Web 传感器不断发展的过程。目前，市场上已经有大量门类齐全且技术成熟的传感器产品可供选择。

（二）网络通信技术

在物联网的机器到机器、人到机器和机器到人的信息传输中，使用的通信技术主要分为有线和无线两大类。由于物联网应用环境复杂多样，无线传感网技术的使用较为普遍。

（1）ZigBee 技术。ZigBee 技术是基于底层 IEEE 802.15.4 标准，用于短距离范围、低传输数据速率的各种电子设备之间的无线通信技术，它定义了网络/安全层和应用层。

（2）与 IPv6 相关联的技术。若将物联网建立在数据分组交换技术基础之上，则将采用数据分组网即 IP 网作为承载网。IPv6 作为下一代 IP 网络协议，具有丰富的地址资源，能够支持动态路由机制，可以满足物联网对网络通信在地址、网络自组织以及扩展性方面的要求。

（三）数据融合与智能技术

物联网是由大量传感网节点构成的，在信息感知的过程中，需要采用数据融合与智能技术进行处理。

（1）分布式数据融合。数据融合是指将多种数据或信息进行处理，组合出高效且符合用户需求的数据的过程。在传感网应用中，多数情况只关心监测结果，并不需要收集大量原始数据，数据融合是处理该类问题的有效手段。分布式数据融合技术需要人工智能理论的支撑，包括智能信息获取的形式化方法、海量信息处理的理论和方法、网络环境下信息的开发与利用方法，以及计算机基础理论。同时，还需掌握智能信号处理技术，如信息特征识别和数据融合、物理信号处理与识别等。

（2）海量信息智能分析与控制。依托先进的软件工程技术，对物联网的各种信息进行海量存储与快速处理，并将处理结果实时反馈给物联网的各种"控制"部件。通过在物体中植入智能系统，可以使得物体具备一定的智能性，能够主动或被动地实现与用户的沟通，这也是物联网的关键技术之一。智能分析与控制技术主要包括人工智能理论、先进的人机交互技术、智能控制技术与系统等。物联网的实质是给物体赋予智能，以实现人与物体的交互对话，甚至实现物体与物体之间的交互或对话。

（四）物联网平台

物联网平台是针对物联网场景和行业开发者提供各种服务的云平台，可以提供设备连接、设备管理、数据分析、边缘计算等能力，为物联网场景提供完整的技术支持和业务解决方案。物联网平台的目标是通过连接物理设备和云端系统，提供可靠的数据采集、处理、存储和管理功能，并为第三方应用程序提供开放的 API 接口，帮助企业更好地了解其设备和流程的使用情况，并实现更高效、更智能的业务流程，提升业务和管理效率。

3.2.3　物联网技术应用场景

随着信息化工作的推进，物联网已经在文旅行业中得到了广泛的应用，主要的应用场景包括设备管理、安全管理、后勤管理、病房服务等。

文化遗产保护：基于 RFID、蓝牙、UWB（Ultra Wide Band，超宽带）等各种定位技术，可实时感知文化遗产的位置、使用状态等信息，提高了保护工作的管理效率和使用效率，提升了保护工作的精细化管理水平。

智慧博物馆：针对展品、文物等要素的物联网化，实现借阅、展览各个环节的定位、处理轨迹跟踪等有效管理。

公共服务：通过传感器、二维码、射频设备等手段和方式对用户在生活场景中的物流、信息流等信息进行实时感知和掌握，有利于对用户进行深入了解和判断，从而优化公共服务方式和内容。

3.3　智能视频监控

视频监控是一种通过使用摄像机和相关设备来实时监视和记录特定区域或场所的活动的技术和系统。视频监控系统是由摄像机、视频录像设备、监视器、网络设备和相关软件组成的一套系统，用于实时监视、记录和管理特定区域或场所的视频图像和数据。通常由摄像机、传输设备、存储设备、显示设备和控制设备等组成。

3.3.1　视频监控发展历程

随着信息技术的进步和市场需求的逐步发展，视频监控技术的发展可分为三个阶段。

（1）第一代：模拟视频监控系统。20 世纪 70 年代，电子监控系统逐步成熟并投入使用，这个时期以闭路电视监控系统（CCTV）为主，利用同轴电缆传输前端模拟摄像机的视频信号，由模拟监视器进行显示，而存储由磁带录像机完成。这一代技术价格较为低廉，安装比较简单，适合于小规模的安全防范系统。

（2）第二代：数字视频监控系统。由于磁带录像机存储容量太小，线缆式传输限制了监控范围等缺点，随着数字编码技术和芯片技术的进步，20世纪90年代中期，数字视频监控系统随之而生。初期采用模拟摄像机和嵌入式硬盘录像机（DVR），这个阶段被称为半数字时代，后期发展成为利用网络摄像机和数字视频服务器（DVS），成为真正的全数字化视频监控系统。DVR和DVS的大量应用使得监控系统可以容纳更多的摄像机，存储更多的视频数据，从而使得摄像机的数量得到海量的提升。嵌入式和网络通信技术的发展使得图像编码处理单元由后台走向了前端，视频图像在摄像机端编码后经网络传到后台，数字化的视频监控系统应用范围广，扩展性能好，使用和维护简单，适用于超过100路、1000路，最后各行业根据自身需求推动全国范围内行业管理视频联网，但监控规模扩大的同时带来了对视频内容理解的需求，可以说，数字化技术的发展是智能化技术发展的前提和基础。

（3）第三代：智能视频监控系统。摄像头的增加带来了大规模防范的可能，即可以获取海量的视频数据用于实时报警和事后查询。但是对以人为主的使用对象而言，大规模视频数据也带来巨大的挑战。美国圣地亚国家实验室专门做了一项研究，结果表明，人在盯着视频画面仅仅22分钟之后，人眼将对视频画面里95%以上的活动信息视而不见。

基于以上需求，智能视频监控系统应运而生，其中最核心的部分是基于计算机视觉的视频内容理解技术，通过对原始视频图像经过背景建模、目标检测与识别、目标跟踪等一系列算法分析，进而分析其中的目标行为以及事件，然后按照预先设定的安全规则，及时发出报警信号。智能视频监控系统有别于传统视频监控系统最大的优势是能自动地全天候进行实时分析报警，彻底改变了以往完全人工对监控画面进行监视和分析的模式；同时，智能技术将一般监控系统的事后分析变成了事中分析和预警，不仅能识别可疑活动，还能在安全威胁发生之前提示安保人员关注相关监控画面并做好应对准备，从而提高反应速度，减轻人的负担，达到用电脑来辅助人脑的目的。

3.3.2 智能视频监控关键技术

智能视频监控的关键技术在于基于计算机视觉的视频内容理解，即算法、模型的研发和构建，监测、分析、预警各环节还需要云计算、5G 通信等其他技术支撑，下面对关键算法进行介绍。

（一）目标检测

目标检测是从视频或者图像中提取出运动前景或感兴趣目标，也就是确定当前时刻目标在当前帧的位置所占大小。因此目标检测在智能视频监控算法中处于基础地位，目标检测性能的好坏直接影响了后续目标跟踪等算法、目标分类与识别的性能。

根据处理的数据对象的不同，目标检测可以分为基于背景建模的运动目标检测方法和基于目标建模的检测方法。基于背景建模的方法要求感兴趣目标是保持运动的，并且背景是保持不变的。当背景发生变化的时候，基于背景建模的方法会将变化背景误检为运动前景，而在运动目标静止一段时间后，也会被归为背景。因此该方法难以用于背景变化的场景，如手持摄像机或车载摄像机拍摄时。该方法一般可以达到实时性的要求，因此在采用固定摄像机的应用中广泛使用。

基于目标建模的前景提取方法不受应用场景的限制，不但可以对固定摄像机拍摄的视频进行感兴趣目标的检测，也可以处理单帧静态图像或移动摄像机拍摄的视频。该方法由于扫描的窗口数目极多，检测速度较慢，一般很难实时，因此在要求实时性的实际系统中难以应用。

（二）目标跟踪

目标跟踪用来确定我们感兴趣的目标在视频序列中连续的位置。目标跟踪问题是计算机视觉领域的一个基本问题，是智能视频监控的一个重要环节，具有广泛的应用价值。目标跟踪可以记录感兴趣目标的历史运动轨迹和运动参数，为更高层的目标的行为分析与理解打下基础。

根据应用场景的不同，可以将目标跟踪算法分为单场景目标跟踪和多场景目标跟踪两类。单场景目标跟踪包括单目标和多目标跟踪，多场景目标跟踪可以分为重叠场景和非重叠场景目标跟踪。

（三）目标分类与识别

目标分类与识别任务要求回答一张图像中是否包含某种物体，也就是判别图像中所包含物体的类别，进而识别出目标的身份。作为高层计算机视觉应用的基础，它在很多视觉领域得到了广泛应用，例如行人跟踪以及大规模图像检索等。在近十年中，有两个最主要方法被广泛使用，分别是词袋模型和深度学习模型。其中深度学习模型在近两年取得了巨大的突破。其基本思想是通过有监督或者无监督的方式学习层次化的特征表达，来对目标进行从底层到高层的描述。深度学习中的每一个节点代表一个神经元，这种层次化很好地符合了人脑的神经元处理结构，并通过引入反馈机制模拟人脑的认知过程。

3.3.3 智能视频监控的应用场景

智能视频监控在文旅行业的应用主要在安保、管理等领域。

文旅场所安保：通过视频监控系统智能化地识别复杂人员、物品和事件，对门禁、闸机、停车道闸等通行设备进行视频采集和分析，精确地识别出人员身份、车辆身份，对重点人员、车辆等进行监控，帮助文旅场所实现安全环境保障。

人流量统计：在景区、博物馆等文旅场所通过在出入口部署智能摄像头，再通过算法优化，可以实时掌握场所接待人流量，从而为精细管理提供数据支撑。

行业监测：文化和旅游管理部门通过重点文旅场所视频联网，实现对场所运行情况的监测，通过智能化应用，可以掌握人流量信息、评估服务质量、发现安全隐患，从而提升文旅行业管理水平和服务质量。

3.4　手机移动定位技术

随着移动通信技术的发展，基于手机信令数据的人流等信息采集技术已成熟并得到广泛应用。在文旅行业，通过对手机信令数据挖掘人员分布空间特征、获取人流量，对景区、博物馆等文化和旅游场所进行监测已经成为主要手段。手机信令数据具有样本量大、实时性高、获取成本低等优势，最重要的一点是覆盖范围广，可以短时间内建立覆盖全国的流量监测系统，但存在定位精度较差的问题。

3.4.1　手机定位技术

目前，手机定位技术包括 Cell-ID 定位、AOA 定位、TOA 定位、TDOA 定位、A-GPS 定位等。目前，移动运营商可以提供的手机信令数据，是基于 COO 定位和手机切换定位两种技术，集中了两种技术的特点，具有样本规模大、信息丰富、成本低、易实施等明显优势。下面对 COO 定位和手机切换定位两种技术做简要介绍。

（一）基站 COO 定位

COO（Cell Of Origin）定位技术（起始蜂窝小区定位法），是目前所有定位技术中，最简单、易实施的手机定位技术。在基于蜂窝标识定位技术（Cell-ID）中，直接将移动用户接入（附着）的蜂窝基站位置作为移动设备的位置。Cell-ID定位方式是移动蜂窝网络在获取移动用户所在的蜂窝小区号的基础上，将此蜂窝基站所在的位置信息作为移动终端所处的位置。Cell-ID 定位具有实现简单的优点，蜂窝网的定位开销小，便于实现。COO 定位法的定位精度依赖于蜂窝基站的分布密度。蜂窝基站的分布密度越大，它所处的蜂窝基站小区覆盖半径就越小，其定位精度也就越高。一般市区的 Cell-ID 定位偏差在 100 ~ 500m。

（二）手机切换定位技术

由于 GSM 移动通信网络的基站服务范围（也即基站小区范围）有限，为了保证手机移动台通信的质量和连续性，处于通话状态中的手机移动台在穿越相邻基站小区边界时，必须从当前通信基站小区转换到新的目标基站小区，这个过程就是基站小区切换。当手机用户经过 Cell1 和 Cell2 的边界，手机信号将从 Cell1 切换到 Cell2，在当切换事件发生时，会产生信令数据，可以得到切换的时间、基站编号等信息，进而可以定位到用户的位置。

3.4.2　手机信令数据

在通信系统中，用来协调不同实体运行所需的信息称为信令。因此，信令是一种信息传输"载体"，里面包含着通信网络运行所需的信息，其中 GSM 网络中的 7 号信令，包含了 COO 定位、切换定位两种技术触发的信令类型。当手机用户的行为触发了信令，GSM 系统将会自动记录下用户的信令信息。一条信令数据包含多个字段，主要包括移动台识别号（Mobile Station ID，MSID）、时间戳（TimeStamp）、位置区编号（Location Area Code，LAC）、小区编号（CellID）、事件编号（EventID）等信息，如图 3-1 所示。

	MSID	Timest aap	LAC	CvllID	EventID
583	299516	04：12：11	6154	54001	0
584	299516	04：17：27	6153	57906	0
585	299516	04：17：27	5153	57906	0
586	299516	07：53：44	6185	62736	0
587	299516	08：01：42	6324	62355	0
588	299512	12：05：13	6215	16945	41
589	299512	12：05：11	6215	16945	41
590	299512	12：05：17	6215	16945	61
591	299512	12：05：16	6215	16945	61
592	299512	11：59：30	6181	34131	0
593	299512	12：00：08	6215	16787	0
594	299512	12：00：39	6181	33650	0
595	299512	13：05：29	6215	16945	1

Ⓥ 查询已成功执行。　　ZHANGWEI–PC\SQLEXPRESS（10.... ZH）

图 3-1　原始信令数据存储示意

由于信令数据用位置区编号 LAC 和基站小区编号 CellID 来表示用户处于蜂窝网络中的位置，而基站小区的经纬度信息（Lon/Lat）单独存储在另一个数据表中。将两张表合并，即将基站的经纬度 Lon/Lat 与基站编号 CellID 进行匹配，即可得到用户的位置轨迹。

在实际运行中，基站网络在记录手机信令数据的过程中，由于多重原因，会产生大量无效、错误数据，需要对信令数据进行处理，剔除多重无效数据。主要包括乒乓数据、漂移数据、静止冗余数据等，在此不再展开介绍。

3.4.3　手机移动定位技术的应用场景

手机移动定位技术在文旅行业应用前景广泛，主要原因是文旅行业是服务行业，需要对服务对象进行跟踪分析，而手机移动定位技术有采集成本低、覆盖面广等优点，是现阶段文旅行业掌握的为数不多的技术监测手段。

文旅场所人流量：目前，开放型景区、街区等文旅场所通过移动信令数据，实现对人流量监测，绘制热力图，从而对接待服务能力进行评估，优化接待服务方式。通过对信令数据中常住地分析，分析游客来源，从而开展有针对性营销。

行业监测：文化和旅游管理部门通过移动信令数据，实现对重点文旅场所人流量监测，通过全国移动信令监测，实现对跨区域游客流动情况的趋势掌握，从而为监测指挥调度提供方向。

3.5　5G 技术

第五代移动通信技术（5th Generation Mobile Communication Technology，5G）是一种具有高速率、低时延和大连接特点的新一代宽带移动通信技术，5G 通信设施是实现人机物互联的网络基础设施。5G 包含如下三类典型的应用场景。

（1）增强移动宽带。该场景是 4G 移动宽带服务的进一步演进，主要服务于消费互联网，支持更大的网络带宽和速率，进而支撑更大的数据流量和增强的用户体验。

（2）超高可靠性超低时延通信。该场景是具有超低时延和超高可靠性的通信，对吞吐率、延迟时间和可靠性等性能的要求十分严格。应用场景有工业制造、远程手术、智能电网以及运输安全等。

（3）海量物联网通信。该场景是支持海量终端的服务，最大的特点是连接设备数量庞大，这些设备通常传输相对少量的非延迟敏感数据，要求成本低，电池续航时间长，所应用的领域主要是物联网。

3.5.1　5G 关键技术

（一）新波形技术

4G 采用 OFDM（Orthogonal Frequency Division Multiplexing，正交频分复用）技术将高速率数据通过串 / 并转换调制到相互正交的子载波上去，并引入循环前缀 CP（Cyclic Prefix），较好地解决了码间串扰问题，在移动互联网时代得到广泛应用。但 OFDM 最主要的问题就是不够灵活，未来不同业务场景对带宽、时延和连接数的网络能力需求迥异，OFDM 无法同时满足不同业务对网络能力的不同需求。

5G 采用了 F-OFDM（Filtered OFDM，滤波 OFDM）的新空口技术，这一技术在继承了 OFDM 的全部优点的基础上，克服了 OFDM 的一些固有缺陷，提升了灵活性和频谱利用效率。F-OFDM 在频域上采用灵活的子载波带宽；在时域上采用灵活的符号（5G 中时域资源调度的最小单位）长度，能够根据不同业务在传输带宽、传输时延以及接入用户数的需求进行灵活的资源分配，是实现 5G 空口的基础技术。

（二）新信道编码技术（极化码 Polar Code）

信道编码的目标是以尽可能小的开销确保信息的可靠传送。香农第二定理指出，只要信息传输速率小于信道容量，就存在一类编码，使信息传输的错误概率可以任意小，而狭义的香农极限就是指通过编码达到无误码传输时所需要的最小信噪比，但在现实中，实现无误码传输的代价太高，在可以承受一定误码率的条件下，所需要的最小信噪比就是广义的香农极限。

2007 年，土耳其比尔肯大学教授 Erdal Arikan 首次提出了信道极化的概念，所谓信道极化，顾名思义就是信道出现了两极分化，是指针对一组独立的二进制对称输入离散无记忆信道，可以采用特定的编码方法，使各个子信道呈现出不同特征，当码长持续增加时，一部分信道将趋向于完美信道（零误码），而另一部分信道则趋向于纯噪声信道。基于该理论，他给出了人类已知的第一种能够被严格证明达到香农极限的信道编码方法，并命名为极化码（Polar Code）。

Polar 码相比 4G 采用的 Turbo 码，具备更高的编码效率、更高的可靠性以及更低的编译码复杂度，可以更好地应用于如无人驾驶等高可靠业务，以及大连接、低功耗的物联网业务。

3.5.2 5G 切片技术

5G 切片技术就是为满足多样化网络需求而出现的。例如，基于 AR/VR 的娱乐信息服务要求连接宽带达到 100Mbps 以上；而智能电网、智能秒表需要大量的连接和频繁小数据包的传输；自动驾驶和工业控制要求毫秒级延迟和趋于 100% 的可靠性。上述多种类型服务表明 5G 网络能力需要更加灵活，以支撑不同的业务需求。5G 切片技术可以将一个物理网络切分为多个逻辑网络从而实现一网多用的功能。利用 5G 切片，运营商可以在一个物理网络上构建多个专用的、虚拟的、相互隔离、按需定制的逻辑网络，从而满足不同行业客户对网络能力的不同需求，如带宽、时延和连接数等。切片技术是 5G 区别于 4G 网络的一个关键能力。通过 5G 切片，可以共享已有网络资源，降低网络使用成本，快速推出定制化的网络服务，从而端到端地保障特定业务的网络性能，助力 5G 技术服务于行业数字化转型。

3.5.3 5G 技术在文旅领域的应用

5G 智慧文旅应用场景主要包括景区管理、游客服务、文博展览、线上演播等环节。5G 智慧景区可实现景区实时监控、安防巡检和应急救援，同时可提供 VR 直播观景、沉浸式导览及 AI 智慧游记等创新体验。大幅提升了景区管理和服务水平，解决了景区同质化发展等痛点问题；5G 智慧文博可支持文物全息展示、5G+VR 文物修复、沉浸式教学等应用，赋能文物数字化发展，深刻阐释文物的多元价值，推动人才团队建设；5G 云演播融合4K/8K、VR/AR 等技术，实现传统曲目线上线下高清直播，支持多屏多角度沉浸式观赏体验，5G 云演播打破了传统艺术演艺方式，让传统演艺产业焕发了新生。

3.6　云计算技术

云计算指通过计算机网络（多指因特网）形成的计算能力极强的系统，可存储、集合相关资源并可按需配置，向用户提供个性化服务。通过网络"云"将巨大的数据计算处理程序分解成无数个小程序，然后，通过多台服务器组成的系统进行处理和分析这些小程序得到结果并返回给用户。云计算早期，简单地说，就是简单的分布式计算，解决任务分发问题，并进行计算结果的合并。因而，云计算又称为网格计算。通过这项技术，可以在很短的时间内（几秒钟）完成对数以万计的数据的处理，从而达到强大的网络服务。

现阶段所说的云服务已经不单单是一种分布式计算，而是分布式计算、效用计算、负载均衡、并行计算、网络存储、热备份冗杂和虚拟化等计算机技术混合演进并跃升的结果。

3.6.1　云计算关键技术

云计算是多种技术的综合运用，其关键技术有如下几类。

（1）虚拟化技术。虚拟化技术是云计算技术的核心之一，它能够将物理硬件资源虚拟化为多个虚拟资源，从而实现资源的共享和灵活分配。虚拟化技术的应用降低了云计算技术的成本，提高了其可靠性和灵活性。

（2）分布式计算。分布式计算是云计算技术的重要基础，它能够将计算任务分配到多个计算机上并行处理，从而大幅提高计算效率。

（3）云端计算。云端计算能够将应用程序和数据存储在远程服务器上，从而使得用户可以通过任何设备随时随地访问这些服务。

（4）多租户。多租户技术使大量用户能够共享同一堆栈的软硬件资源。

3.6.2　云计算在文旅领域应用场景

云计算是物联网、大数据、人工智能等新技术的关键底座，为各行各业的模式及业务创新奠定基础。云计算已经在企业和生活的方方面面得到应用，目前常见的云计算的应用有存储云、医疗云、金融云、教育云等。其中云计算在文旅行业中的主要应用如下。

（一）资源整合与共享

云计算可以将各地的文化和旅游资源进行整合和共享，实现资源的高效利用。例如，通过云计算平台可以整合各地的酒店、景点、交通等旅游资源，实现资源的统一管理和调配，提高旅游管理效率和服务质量。

（二）个性化服务

通过云计算，可以分析游客的旅游偏好、消费习惯等信息，为游客提供更加个性化的旅游服务。例如，根据游客的喜好和历史行为，推荐合适的旅游线路和旅游产品，提供定制化的旅游服务，提高游客满意度。

（三）大数据分析与预测

云计算可以处理海量的数据，通过大数据分析技术，实现对旅游数据的挖掘和利用。例如，对历年旅游数据进行分析和预测，可以得到未来一段时间内的旅游趋势和热门景点，帮助旅游部门做出更加科学合理的决策。

（四）提升管理效率

通过云计算的集中管理和分布式处理方式，可以将分散的旅游资源进行集中整合，提高管理效率和服务水平。此外，云计算还可以提供高效的数据处理和分析能力，为景区管理提供更加科学准确的决策依据。

3.7　大数据技术

"大数据"目前没有统一的定义。麦肯锡全球研究所给出的定义是：一种规模大到在获取、存储、管理、分析方面大大超出了传统数据库软件工具能力范围的数据集合，具有海量的数据规模、快速的数据流转、多样的数据类型和价值密度低四大特征。在维克托·迈尔－舍恩伯格及肯尼斯·库克耶编写的《大数据时代》中大数据指不用随机分析法（抽样调查）这样的捷径，而采用所有数据进行分析处理。大数据的 5V 特点（IBM 提出）包括：Volume（大量）、Velocity（高速）、Variety（多样）、Value（低价值密度）、Veracity（真实性）。

3.7.1　大数据关键技术

（一）分布式存储技术

传统存储采用集中式的架构，横向扩展能力较差，面对大数据、人工智能等高工作负载时容易出现性能瓶颈。

分布式存储基于分布式架构，通过网络连接多个存储节点，将分散在多台独立设备上的磁盘空间组成一个统一的存储池，对外提供存储服务。分布式存储能够通过增加节点横向扩展容量，实现分批次按需投入，并能达到 EB 级以上的存储空间。同时，横向扩展能力可以提升分布式存储的性能，提供千万级以上 IOPS（Input/Output Operations Per Second，每秒输入 / 输出操作数）及百 GB/s 以上数据带宽。通过节点间的数据冗余，分布式存储还能有效保障数据的可靠性。

（二）分布式计算框架

分布式计算框架是一种用于分布式计算的软件架构，它可以将计算任务分解成多个子任务，并将这些子任务分配给多个计算节点进行并行计算，从而提高计算效率和处理能力。常见的分布式计算框架包括 MapReduce、Spark、

Tez 等。

（三）分布式数据库

分布式数据库是指将数据分散存储在多个物理节点上，通过网络连接进行协同工作，实现数据的共享和管理。与传统的集中式数据库不同，分布式数据库具有更高的可扩展性、更好的容错性和更佳的性能。

（四）数据挖掘技术

数据挖掘技术包括数据预处理、数据挖掘算法、模型评估和应用等方面。其中，数据预处理是指对原始数据进行清洗、集成、转换和规约等处理，以便于后续的挖掘分析。数据挖掘算法包括分类、聚类、关联规则挖掘、异常检测等多种方法，可以根据不同的需求选择合适的算法进行分析。模型评估是指对挖掘结果进行评估和验证，以保证结果的可靠性和有效性。

3.7.2　大数据在文旅行业的应用前景

文旅行业是现代服务业的重要组成部分，主要是跟人打交道，因为围绕人的全要素数据采集、挖掘和应用，与文旅现有业务融合，形成了大量的应用场景。

（1）行政管理。包括游客画像与精准分类、海量管理数据的存储与管理、多维分析与商业智能、业务运行监控与实时风险识别等。利用大数据监测和预测市场风险，进行行业监测和指挥调度。

（2）公共服务。景区、博物馆等文旅单位通过分析游客等服务对象数据，了解其行为，优化营销策略和提升客户体验。利用用户行为和偏好数据提供个性化推荐。在制造业中，通过分析传感器数据进行预测性维护，优化生产流程。

（3）产品供给。文艺创作领域分析用户互动数据，优化内容创作和社交媒体管理。利用游客数据进行文旅场所规划、环境监测和公共安全维护。

（4）遗产保护。利用巡检记录和可穿戴设备等大数据进行文物风险预测、日常管理和精准保护。使用大数据优化语音和图像识别，提高文化遗产的识别准确率。

（5）智慧旅游。分析游客流量数据，利用卫星和传感器数据监测环境变化。优化文旅场所管理，减少拥堵，提高安全水平。利用聊天机器人和自动回复系统提高客户服务效率。

3.8　人工智能

人工智能是研究、开发用于模拟、延伸和扩展人的智能的理论、方法、技术及应用系统的一门新的技术科学。人工智能是研究使计算机来模拟人的某些思维过程和智能行为（如学习、推理、思考、规划等）的学科，主要包括计算机实现智能的原理、制造类似于人脑智能的计算机，使计算机能实现更高层次的应用。

人工智能企图了解人类智能的实质，并希望计算机生产出一种新的能以人类智能相似的方式做出反应的智能机器，该领域的研究包括机器人、语言识别、图像识别、自然语言处理和专家系统等，人工智能从诞生以来，理论和技术日益成熟，应用领域也不断扩大，可以设想，未来人工智能带来的科技产品将会是人类智慧的"容器"。人工智能可以对人的意识、思维的信息进行模拟，人工智能不是人的智能，但能像人那样思考，也可能超过人的智能。

3.8.1　新一代人工智能的发展

人工智能自概念提出到现在已经经历 60 余年的风雨历程，其间有过多次发展浪潮，也经历数次寒冬。从早期基于推理和搜索的时代，到基于知识工程和专家系统时代，直到今天以机器学习和深度特征表示学习的时代。

相比前几次人工智能发展浪潮，本轮人工智能是一种全新的人工智能，是对我们的生产生活进行全新变革的人工智能，特别是以深度学习（Deep Learning, DL）为代表的人工智能异军突起，在计算机视觉、自然语言处理等领域取得了很好的效果，成为主导新一轮人工智能发展的主力军，大数据的发展为深度学习注入了新的"燃料"，极大地提高了深度学习的智能水平。计算能力的提升促进了深度学习模型的训练效率，成为推动新一代人工智能发展的主要驱动力。移动互联网与智能手机的结合为新一代人工智能插上腾飞的翅膀，产生了全新的应用，如语音购物、人脸支付、视频理解、自然语言处理、无人超市、自动驾驶等。

3.8.2　人工智能关键技术

随着新一代人工智能理论研究的发展和成熟，人工智能的应用领域更为宽广，应用效果更为显著。总结起来，当前人工智能技术包含了以下几个关键技术。

（一）机器学习与深度学习

机器学习（Machine Learning，ML）是一门涉及统计学、系统辨识、逼近理论、神经网络、优化理论、计算机科学、脑科学等诸多领域的交叉学科，研究计算机怎样模拟或实现人类的学习行为，以获取新的知识或技能，重新组织已有的知识结构使之不断改善自身的性能，是人工智能技术的核心。基于数据的机器学习是现代智能技术中的重要方法之一，研究从观测数据（样本）出发寻找规律，利用这些规律对未来数据或无法观测的数据进行预测。根据学习模式、学习方法及算法的不同，机器学习存在不同的分类方法。根据学习模式将机器学习分类为监督学习、无监督学习和强化学习等。

深度学习是一个复杂的机器学习算法，在语音和图像识别方面取得的效果远远超过先前相关技术。深度学习在搜索技术、数据挖掘、机器学习、机器翻译、自然语言处理、多媒体学习、语音识别、推荐和个性化技术及其他相关领域都取得了很多成果。深度学习使机器模仿视听和思考等人类的活动，解决了很多复杂的模式识别难题，使得人工智能相关技术取得了巨大的进步。

（二）知识图谱

知识图谱本质上是结构化的语义知识库，是一种由节点和边组成的图数据结构，以符号形式描述物理世界中的概念及其相互关系，其基本组成单位是"实体—关系—实体"三元组，以及实体及其相关"属性—值"对。不同实体之间通过关系相互联结，构成网状的知识结构。在知识图谱中，每个节点表示现实世界的"实体"，每条边为实体与实体之间的"关系"。通俗地讲，知识图谱就是把所有不同种类的信息连接在一起而得到的一个关系网络，提供了从"关系"的角度去分析问题的能力。

知识图谱可用于反欺诈、不一致性验证、组团欺诈等公共安全保障领域，需要用到异常分析、静态分析、动态分析等数据挖掘方法。特别地，知识图谱在搜索引擎、可视化展示和精准营销方面有很大的优势，已成为业界的热门工具。但是，知识图谱的发展还有很大的挑战，如数据的噪声问题，即数据本身有错误或者数据存在冗余。随着知识图谱应用的不断深入，还有一系列关键技术需要突破。

（三）机器翻译

机器翻译技术是指利用计算机技术实现从一种自然语言到另外一种自然语言的翻译过程。基于统计的机器翻译方法突破了之前基于规则和实例翻译方法的局限性，翻译性能取得了巨大提升。基于深度神经网络的机器翻译在日常口语等一些场景的成功应用已经显现出了巨大的潜力。随着上下文的语境表征和知识逻辑推理能力的发展，自然语言知识图谱不断扩充，机器翻译将会在多轮对话翻译及篇章翻译等领域取得更大进展。

（四）语义理解

语义理解技术是指利用计算机技术实现对文本篇章的理解，并且回答与篇章相关问题的过程。语义理解更注重对上下文的理解及对答案精准程度的把控。随着 MCTest 数据集的发布，语义理解受到更多关注，取得了快速发展，相关数据集和对应的神经网络模型层出不穷。语义理解技术将在智能客服、产品自动问答等相关领域发挥重要作用，进一步提高问答与对话系统的精度。

（五）问答系统

问答系统分为开放领域的对话系统和特定领域的问答系统。问答系统技术是指让计算机像人类一样用自然语言与人交流的技术。人们可以向问答系统提交用自然语言表达的问题，系统会返回关联性较高的答案。尽管问答系统目前已经有了不少应用产品，但大多是在实际信息服务系统和智能手机助手等领域中的应用，在问答系统稳健性方面仍然存在着问题和挑战。

（六）计算机视觉

计算机视觉是使用计算机模仿人类视觉系统的科学，让计算机拥有类似人类提取、处理、理解和分析图像及图像序列的能力。自动驾驶、机器人、智能医疗等领域均需要通过计算机视觉技术从视觉信号中提取并处理信息。近来随着深度学习的发展，预处理、特征提取与算法处理渐渐融合，形成端到端的人工智能算法技术。根据解决的问题，计算机视觉可分为计算成像学、图像理解、三维视觉、动态视觉和视频编解码五大类。

3.8.3　人工智能在文旅行业的应用

人工智能在影视文娱，以及游戏等行业具备广泛的应用场景，核心主线就在于内容生产力的释放与升级方面。一方面，整体提升文娱产业工业化水平，形成 AI 赋能全流程的工业化生产体系；另一方面，释放内容生产者的效能，专注于创意与情感共鸣等方向。

（1）精准服务。基于文旅服务对象购买行为、个人特征、社交习惯等相关数据，利用深度学习相关算法构建模型，来刻画准确全面的服务对象画像，对产品服务和营销活动准确、有效地进行匹配和传达。通过建立联合前置规则与智能匹配引擎，支持客群定向推送，以满足对于用户精准推荐的需求，进而筛选出优质用户。可以针对睡眠用户，提供特定的唤醒策略；针对高价值用户，寻找特征相近的潜在用户，并为其提供营销建议。

（2）辅助决策。通过人工智能对行业运行等数据进行自动分析、处理和解释，辅助文旅行业管理者发现问题和制定工作方案，可以提高解决问题、服务行业的准确率，同时也可以提升行政管理的工作效率。

（3）文旅知识库。人工智能通过对这些文旅知识的学习和分析，来提供文旅领域的知识服务，帮助人们更好地理解文化的特征、问题等信息，有利于传承和保护文化遗产。

（4）辅助创作。人工智能在影视、游戏、动漫、音乐等领域已经发挥了重要作用。一是提升内容生产效率。包括生成 2D/3D 任务、场景等资产；在剧情任务策划以及文本方面也发挥重要作用提供自然的交互体验。在影视，尤其是动画内容生产方面，通过虚拟制片、数字人、AIGC 等综合运用，可以大幅度提升内容生产效率，压缩内容制作周期，控制内容生产成本。二是辅助创意。通过 AI 辅助编剧进行多样化剧情故事线设计。生成创意素材提供概念灵感与方向等。通过 AI 音乐生成，辅助各个场景下的用户进行背景音乐生成、音乐互动以及音乐伴侣等玩法。三是个性化内容生产，创新用户交互。在竞速、棋牌等游戏中，人工智能于对局陪伴等，提升用户互动。

第四章

技术战略规划方法论：新型数字化规划及架构

数字化规划是指在数字化战略的指导下，通过诊断、分析、评估文化和旅游管理流程和信息化现状，结合文化和旅游行业信息化的实践经验和最新信息技术趋势，形成文化和旅游管理部门信息化建设的远景、目标和战略，制定信息化的系统架构，确定信息系统各部分的逻辑关系以及具体信息系统的架构设计、选型和实施策略。数字化规划需要专业团队经过前期细致的调研，需要对文化和旅游管理工作情况全面掌握，并经过讨论、征求意见等多个环节，最终形成并指导未来数字化工作开展，甚至会引领未来工作模式、职能调整等一系列变化。鉴于水平原因，笔者不提出明确具体规划，仅对于规划方法论进行讨论，希望对规划制定提供一些参考。

4.1 文化和旅游数字化战略

研究编制数字化规划的第一步是制定数字化战略。数字化战略屋是达成数字化战略共识的方法论工具。它是用于清晰定义、描述和管理数字化战略的图形化工具。基于传统的战略屋模型，结合数字化特点，系统地规划和执行数字化转型。数字化战略屋主要包括数字化愿景、衡量目标、主要方向、必赢之战和落地保障等内容。

一是战略目标。数字化战略目标又称为数字化愿景，简而言之，就是数字化转型或者发展能够在战略层面推动行业管理服务达到什么状态。

二是细化目标。针对数字化转型，在3—5年内希望实现什么目标？包括要用数据驱动达成的业务目标以及数字化能力本身的目标。与此同时，可以同步构建业务指标体系，并将目标关联到北极星指标体系 [①]。

三是主要方向。为实现数字化愿景目标，需要将哪些工作作为长期投入、持续发力的主要方向？从根本的数字化内核着手，思考哪些领域是数字化升级的关键，从哪些方面的工作入手？

四是重点工作。为了实现数字化愿景，未来1年我们必须做成哪几件大事？除此之外，我们还有哪些要日常推进的数字化专题？基于长期的重要性和未来1年的优先级识别必须做成功的关键环节。

五是保障措施。为落实重点工作，推动数字化战略落地，在组织、机制和人才方面有哪些保障举措？

这一框架算是一个相对通用的行业框架，在很多行业方法论或者案例中都会看到类似的框架或者其变体。在制定数字化战略中，需要重点关注以下两个方面。

首先，数字化战略和业务发展规划相辅相成。一般在制定数字化战略需要与明确的业务发展规划衔接。在本身业务战略摇摆不定、缺乏组织共识的情况下，数字化战略的制定会变得很困难，而稀里糊涂定下的数字化战略效果往往会大打折扣。因此，文化和旅游数字化战略规划需要将文化和旅游工作相关战略和规划作为核心依据。文化和旅游工作相关战略、规划包括文化强国战略、文化数字化战略、文化和旅游"十五五"规划等。在以上战略和规划的引领下，围绕战略目标和重点工作，形成数字化战略。数字化战略需要由北极星指标体系承接。

其次，数字化战略的制定不只是信息化部门的任务，而是整个文化和旅

---

① 北极星指标体系通常指企业或部门最为重要的、影响工作全局的、需要全员或者部门全员共同努力去达成的某个或者某几个关键指标。它是资源投入的重要指引，是一个阶段工作成果的最终度量，也是一个阶段业务发展逻辑和业务战略的体现。它就像一颗北极星一样，一旦确立就指引着从人、财、物等方面朝着提升这一指标的方向迈进。

游管理部门各业务部门和技术部门需要密切合作开展的工作。数字化战略制定的关键在于共识的达成，由于内部缺乏共识，面临业务部门和技术部门割裂甚至对立的问题，导致业务部门说技术部门能力不行，技术部门说业务部门乱提需求。数字化战略制定的过程，其实也是一个拉齐各方认知，对数字化建设的重要性、现状、差距等各种关键议题达成共识的难得契机。因此这一过程需要通过调研、座谈、点对点访谈、征求意见等环节，各业务部门应当围绕数字化议题进行充分的讨论，以求达成共识。

4.2 编制数字化规划

数字化规划通过分析现状，厘清差距，明确目标。达成目标的驱动过程涉及咨询方法论、流程管理与分析、数据架构设计、应用系统设计、技术架构设计、项目管理和实施等众多方面。从数字化战略到业务目标，从业务目标到数字化目标，从数字化目标到应用蓝图，从应用蓝图到分阶段实施落地，任何一个步骤的脱节都将导致规划内容无法落地。再完美的规划和架构，如果脱离业务目标，都不能带来业务价值的提升。数字化规划之难，不在于信息化本身，而在于流程；不在于技术本身，而在于业务。

数字化规划所应遵循的核心思路是：从业务到技术，从流程到信息化，通过融入云计算和 SOA 核心理念，有效解决信息化工作中多年积累的多个竖井式 IT 系统集中化和协同化问题。因此，在规划前期就应该重点考虑集中化和协同化问题，将 SOA 思想融入信息化规划当中，可以有效避免重复建设、信息孤岛林立等局面的出现。

信息化规划核心过程包括现状诊断分析、明确差距和目标、蓝图规划、实施规划等几个关键步骤。

4.2.1 现状诊断分析

在这个阶段，首先要把战略目标、业务目标及其子目标调研清楚，其次是把现状流程、信息化支撑情况全盘厘清，最后将潜在问题准确定位。现状分析的顺序是从业务过渡到信息化。业务现状分析重点在业务流程和业务数据上，可以采取自顶层向下逐层分解的方法，针对关键的端到端流程为主线进行逐层分解，分解时进行跨部门跨业务领域的流程梳理和分析。

信息化现状包括现有的信息系统功能架构和应用现状、基础设施架构现状、信息系统对业务支撑情况等。重点是厘清业务和信息化的关系及信息化对业务的支撑程度。现状分析的目的是为提出后续业务目标和 IT 系统建设目标打基础，明确了建设目标才能够真正为业务服务，体现业务价值。

4.2.2　明确差距和目标

差距分析一般包括：当前目标和当前现状间的问题和差距分析；先进部门参考目标、先进案例和当前现状的差距分析；信息化现状对当前目标支撑的差距分析。

当明确的差距得到各方认可后，根据最终业务战略目标和业务子目标，形成对应的信息化规划和建设目标。目标的提出可通过两个途径，一是直接提出业务目标和信息化建设目标，二是通过差距进一步细化目标。信息化目标的提出，必须先进行差距分析。此外，还要注意业务与信息化相互作用、相互促进的问题。比如，其中有些是不需要业务改进而直接进行信息化建设和改进，有些则是业务优化和改进先行，信息化配合业务优化带来的应用落地。

通过差距分析得出的目标是由多个子目标所组成的，它是一个目标群，通过对多个子目标的分阶段分步骤实现，最终才可能实现一个大的业务目标。目标分解、问题分解、目标和问题映射最终形成一个完整的解决方案。目标分解到子目标，子目标最终落实到具体的项目，通过项目规划和建设的方式推动目标的实现。

4.2.3　蓝图规划

蓝图规划是一个远期规划，覆盖 3—5 年，远期展望 5—10 年。虽然后续变化的可能性很大，但是仍然需要提出较为全面的蓝图规划，规划若不能展望远期，那么建设和实施必然会受到诸多约束。

蓝图规划包括了业务架构、数据架构、应用架构、集成架构、技术架构和基础设施架构等方面的内容。蓝图中的业务和信息化是密不可分的，所有的蓝图规划都应自顶向下，分解，相互融合和协同。业务架构的重点是流程，数据架构的重点是数据。而信息化方面则包括了应用架构、集成架构、技术架构和基础设施架构。应用架构在最上层，而集成和技术架构在平台层，基础设施架构在基础设施和物理资源层。要顺应云计算和集中化趋势，重点考虑基础设施和平台层的集中化建设。

4.2.4　规划实施

实施规划直接影响到信息化蓝图规划的可落地性，影响到信息化建设是否真正体现业务价值，为业务目标服务。实施规划的核心思想是组合管理和项目群管理，可以从成本投入、建设难易程度、对业务价值实现的贡献、推广实施难度等多个方面来评估信息化建设内容的优先级。

实施规划按照组合管理的目标来说，就是要用最少的人力、物力和经费投入创造最大的业务价值。在实施规划阶段要考虑的关键点有：要建设哪些信息系统，如何分阶段建设，如何支撑业务流程，如何协同建设应用系统，如何加强项目管理，如何推进系统的建设，如何减少重复建设等。

4.3　主流数字化架构介绍

数字化架构是从全局的角度审视与信息化相关的业务、信息、技术和应用间的相互作用关系及这种关系对业务流程和功能的影响。数字化架构是一种多视图的体系结构，体现了业务、信息和技术的融合。数字化架构经过长期的应用实践得到了很大发展，已衍生出多种框架。目前在世界范围内，Zachman 框架、TOGAF、FEAF、E2AF 等是较为主流的架构框架。

Zachman 框架是一种结构式的框架体系，它以一个 6×6 矩阵来表示：横向从数据、功能、网络、人员、时间、动机 6 个方面，分别由实体—关系模型、流程 1/0 模型、节点—链接模型、人员—工作模型、时间—周期模型、目标—手段模型来表达。纵向从规划者、所有者、设计者、承建者、分包者和最终用户 6 个视角来划分，建立目标 / 范围、业务模型、系统模型、技术模型、详细表达、运行功能等模型。Zachman 框架将"组织结构 + 数据 + 流程"形成一个规划框架并勾勒出完整的架构核心内容。

TOGAF（The Open Group Architecture Framework）是当前主流的架构方法，它支持开放、标准的 SOA 参考架构，在全球已经得到如 SAP、IBM、HP、SUN 等公司的支持。

TOGAF 是一种协助发展、运行、使用、验收和维护架构的工具。

TOGAF 最为关键的组成部分是架构开发方法（Architecture Development Method，ADM），它描述了数字化架构中各个架构开发阶段的（如业务架构阶段、信息系统架构阶段、技术架构阶段等）目的、路径、输入、步骤和输出等各个方面的内容。ADM 开发过程主要包括预备阶段、需求管理、架构远景、架构规划（业务、信息系统、技术）、机会与解决方案、架构变更管理等多个环节，它贯穿了提出和建立通用原则到管理变更的企业流程循环以及每个阶段。

FEAF（Federal Enterprise Architecture Framework）是 1999 年由美国政府组建的美国联邦 CIO 委员会发布的联邦企业架构框架，这是数字化架构在政府领域的首次应用，带动了企业架构在西方发达国家政府的大范围推广。《FEAF 实践指南》明确定义了 FEAF 具有绩效参考模型、业务参考模型、服务参考模型、技术参考模型、数据参考模型 5 个参考模型。FEAF 由当前架构、目标架构、转换流程（标准）组成，当前架构和目标架构分解为业务架构数据架构、应用架构和技术架构，后来又增加了绩效架构。

其他较为主流的框架包括美国国防部 DODAF、英国国防部 MODAF、E2AF 等，此处不一一展开描述。

以上均为通用架构，在全社会各行业均有应用。在实际架构设计中，不能机械地照搬照抄单一的架构。有的部门信息化基础比较薄弱，甚至是一张白纸，需要通过 IT 规划决定下一步要做什么。有的已经建成很多系统，更关心的是如何进行整合。方法论也有两个层面，一个是作为公共参考的模板，另一个是针对具体项目进行裁剪和定制规则或指南。对 IT 规划方法论的完善，在面向政府时可以多借鉴 FEAF，在面向企业时可以多借鉴 TOGAF。

4.4　文化和旅游数字化架构

数字化架构能从体系化的角度有效串联信息化规划过程的逻辑关系。要设计科学合理、切实可行，可以指导今后一段时间的架构并非易事。一是要对技术未来发展的方向把握准确，避免出台便落后，无法指导长期工作。二是要准确把握文化和旅游工作的特点及文化和旅游管理部门在经济社会发展中的职责定位，做到不缺位、不越位。三是要深刻理解我国政治体制下，国家省市县四级财权、事权划分。做好规划制定和架构设计需要把握以下重点。

4.4.1　全面布局、统筹集约

聚焦文化和旅游工作各方面和各环节，以国家省两级为重点，统筹网络、算力、系统，逐步实现统一建设、统一运维，着力提升智能化水平，实现信息化节约集约建设与高效利用。省以下由各省根据实际财力，确定集约建设运行模式，在纵向实现国家、省、市、县四级贯通联动。在部级层面，要落实党中央、国务院统一部署，横向与宣传思想、发展改革、交通运输、农业农村、林业草原等相关部门互联协同。

4.4.2　创新引领、场景驱动

运用云计算、大数据、人工智能、物联网、视联网等新一代信息技术，全面提高文化和旅游资源采集整理、传承保护水平，增强经济社会中文化和旅游态势感知能力、数据治理挖掘共享能力和决策支撑能力。要重视应用推广，坚持不懈、久久为功，坚持构建场景的推广思路，推动新技术与现有工作结合，避免技术、业务两层皮。以智能化协同化为方向，以综合监测与指挥调度平台为抓手，从职责出发构建多维数字化场景，以场景驱动数字化转型。

4.4.3　构建生态、开放共享

顺应信息化条件下的文化和旅游治理格局变化，搭建凝聚政府、企业、社会多方面参与的支撑平台，依据业务职能，尊重数据权属，面向各层级、各单位，推动数据的分散生产、统一管理、充分共享；构建面向省级主管部门、高校科研院所、企业、社会团体等的文化和旅游应用市场、生态社区，众筹共建智能工具；为政府、社会、企业提供高质量数据产品、数据服务，构建开放共享数字生态。

4.4.4　底线思维、安全可靠

全面落实总体国家安全观，坚持以新安全格局保障新发展格局，严格落实网络安全各项法律法规制度，构建安全可靠的信息技术体系，持续、全面、深入推广符合安全可控测评要求的产品。推进可信安全、态势感知、主动防御、协同响应，发挥商用密码在保护关键信息基础设施和重要信息系统中的核心作用，保障网络安全、数据安全、应用安全、模型算法安全，切实守牢安全底线。

4.5　总体架构

以制度标准规范构建全方位安全保障，以文化和旅游数字化基础支撑平台、文化和旅游基础数据支撑平台和综合监测与应急指挥平台为基础支撑，构建艺术生产、公共服务、遗产保护传承、市场监管、产业发展、对外交流六大主题应用场景，全面支撑文化和旅游数字化治理体系构建（图4-1）。

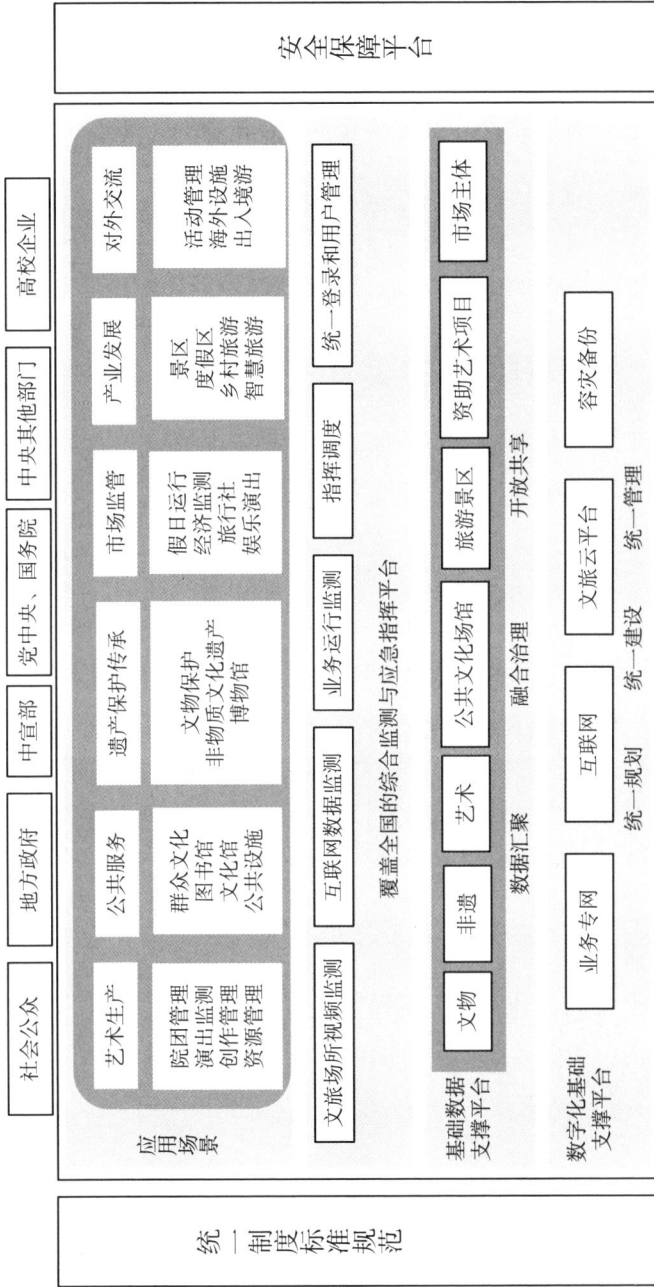

图 4-1 文化和旅游数字化治理体系

4.5.1　数字化基础支撑平台

统筹算力基础设施，建设适应互联网化、大数据、智能化等需求的算力基础平台。科学规划互联网、专网和电子政务内外网的网络体系，形成整合共享、互联互通、分工合作的网络支撑体系。提高容灾备份能力，建设集约高效的数字化基础设施，统一提供能支持跨部门、跨层级、跨区域文化和旅游资源，综合监测与指挥调度平台海量数据处理和业务应用的基础设施支撑。

4.5.2　基础数据支撑平台

围绕提升文化和旅游资源传承保护、采集整理等数字化能力，增强文化和旅游发展变化态势感知能力，持续完善文化和旅游数据资源。以构建统一平台为抓手，深入推进数据汇聚、治理与融合，创新数据开放共享挖掘，构建全域全周期数据要素体系，支撑文化和旅游基础信息平台运转和业务场景应用。

4.5.3　综合监测与应急指挥平台

坚持国家省两级共建共管共用共享原则，加快构建覆盖全国的综合监测与应急指挥平台。深入推进信息系统整合，强化国家省两级一个平台的理念，加快整合各地智慧旅游平台，统筹数字化监管与公共服务。围绕需求开展架构升维、智能化提升，推动综合监测与应急指挥平台由单一视频监测向智能化协同化运行平台提档升级。重点提升数据治理、智能计算、场景构建、协同共享四大能力。面向各司局、各单位和其他政府部门，依托综合监测与应急指挥平台统一提供数据共享、服务功能和业务场景应用。

4.5.4　六大数字化主题应用场景

围绕文化和旅游管理部门核心职责履行，以业务标准化为基础，坚持融汇治理、数字赋能，实现业务规则优化、流程再造。依托综合监测与指挥调度平台构建业务大协同、数据全融合的六大主题应用场景，将原有系统有机融入相应场景，实现跨层级、跨地域、跨业务协同治理与服务。

4.5.5　全方位安全保障体系

严格执行网络安全等级保护、涉密信息系统分级保护制度，构建自主可控的信息安全体系，增强网络安全防护能力。强化数据安全，推进数据安全保护制度落实，建立数据安全风险监测预警体系。健全密码应用机制，推动商用密码在关键信息基础设施和重要信息系统中的全面应用。探索建立物联网、算法、模型安全防护技术。

4.5.6　制度标准规范体系

建立贯穿全过程的文化和旅游数字化治理制度和标准体系。建立健全文化和旅游资源数据汇聚、平台应用，数据开放共享以及众筹共建等制度。推进数据、平台、工具、模型算法、业务等标准制定。建立评估验证机制，以标准化促进规范化。

第五章

云计算方法论：文化和旅游数字化基础支撑平台

科学设计、合理布局满足未来需要的基础支撑平台是数字化工作的第一步。云计算是继个人计算机、互联网之后的第三次重大信息技术发展。为适应互联网需求，以云计算技术为核心，构建网络、计算、存储和安全等统一的支撑平台，已成为数字化工作的必然要求。云计算技术在发展进步的同时，形成了与传统信息化建设运维所不同的思维模式和方法论，主要有平台化、面向服务、快速部署、弹性扩展等。

要构建满足文化和旅游管理数字化需求的支撑平台，一是研究未来业务发展的需要，这就需要对文化和旅游未来业务工作发展有前瞻性、科学准确的预判。比如文化和旅游工作如何适应互联网需要，值得我们认真讨论。二是要适应未来技术发展趋势，比如智能化是技术发展的重要方向，智能化需要大量数据的采集、存储和计算，需要我们明确发展方向，逐步构建满足大模型需要的计算能力。三是要适应经济社会发展的客观实际。要在现有工作基础上，根据现有的物力财力，明确清晰的路径。不能全盘推翻，另起炉灶，这样既没有可行性也会导致现有资源浪费；也不能没有明确方向，在原有模式上打转，导致重复投资，效果不明显。

5.1　准确把握未来趋势

要建好面向未来的数字化基础支撑平台，应该正确把握未来的趋势，需在平台各方面全要素具备共性特征，要适应以下几个趋势。

5.1.1　集约化

文化和旅游工作点多面广，工作领域广、涉及部门多，根据《中华人民共和国文化和旅游部 2023 年文化和旅游发展统计公报》，2023 年年末，全国各类文化和旅游单位 30.4 万个。其中，各级文化和旅游管理部门所属单位 6.6 万个。每个部门都有信息化需求，独立建设不但造成资金浪费，而且分散管理将导致信息安全问题丛生，保障成效不足。目前技术发展的趋势是"大网络、大平台、大系统"，网络、计算、安全等技术不断融合，只有大网络大平台，才能发挥规模优势，才能避免系统烟囱化和数据鸿沟，因此必须坚持整合是原则，分散是例外的大方向。这就需要信息化部门一方面要有统一建设运行的理念，另一方面要有服务意识，不断增强服务能力，提升服务水平。

5.1.2　互联网化

面向互联网提供服务，针对互联网进行管理是文化和旅游管理部门必须面对的问题。近十年来，随着移动互联网浪潮的到来，阿里、腾讯、携程、滴滴等新技术公司通过产品创新和商业模式创新，推动全社会实现互联网化。文化和旅游工作必将依托互联网为人民群众提供公共服务。携程、飞猪、大麦等厂商实现文化和旅游票务、酒店预订等商业化业务的互联网化，这需要我们不断加强监管，保障人民群众合法权益。现有基础设施主要面向文化和旅游管理部门内部管理，不适应互联网化需要。未来，文化和旅游管理部门将构建面向人民群众提供公共服务的应用，这是文旅工作性质所决定的。互联网化需求将意味着大量用户访问带来的网络、计算、运行保障和安全的巨大挑战，单纯依靠个别单位独立建设是不可能的，必须按照互联网化需求来重新规划，逐步构建基础支撑平台。

5.1.3　社会化

未来随着文化和旅游业务发展，各种面向公众社会和管理的应用不断迭代，对于网络、计算等基础设施的要求将会越来越高。随着大数据、智能化技术进步，未来对于计算资源的需要将会是海量的。文化和旅游管理部门的财力人力不足以支撑独立建设运维，必须依靠社会化保障。一是以租赁方式依托市场化的云服务商开展建设，如阿里云、腾讯云、华为云等。面向公众、互联网的应用应该依托这种方式。二是因敏感数据确需自行建设的，积极对接国家发展改革委、国家信息中心等部门，争取将业务列入国家级算力基地保障范围。

5.1.4　智能化

在基础平台自身管理上顺应技术发展趋势，坚持智能化方向，推动网络、算力等设施不断融合。构建统一智能化管理平台，实现运行情况智能化监测、分析和展示。不断提升基础运行资源服务水平，实现资源自行申请、自行管理，不断提升资源管理的便利化。

5.2　现阶段基础支撑存在的问题

目前，文化和旅游管理部门内部已经完成了初步的私有云资源池建设，大部分服务器已完成虚拟化，并统一为业务系统提供服务器、存储、计算及网络等数字化基础设施服务。但由于历史原因，各业务系统仍按传统模式规划建设，这也产生了很多问题。

一是烟囱式的系统建设模式带来众多问题。目前，文化和旅游管理部门依然由各业务部门独立建设信息系统，各个业务系统逻辑孤立，系统之间缺乏业务协同和数据传递。由于业务系统间的交互困难，导致了工作无法协同、多个系统间基础数据不一致等一系列问题。业务系统中大量可复用的能力没有提取并复用，导致重复建设，基础设施支撑环境日趋复杂。

二是数据交换和共享能力薄弱。为推动各系统间的数据共享，虽然建设了数据交换平台等来实现业务系统间的数据交换和协同，但共享交换平台要与各平台频繁对接，花费大、落地难。此外，数据交换平台自身的可靠性或数据管控能力的欠缺，使得在某一个时点同样数据在多个系统出现不一致的情况。

三是基础设施能力无法完全发挥。虽然进行了虚拟化资源池建设和实施，应用系统对于物理资源不可见，但是逻辑资源仍然可见。在资源分配中，基础支撑平台仍然会将逻辑资源固定地分配给单独业务应用，无法真正地动态调度底层的逻辑资源，以实现资源的最大化利用。

四是业务系统建设规范和标准欠缺。在信息化建设过程中，不同的开发商往往都使用自己的开发框架、开发语言、技术架构、数据库和应用中间件等。不仅导致了后期运维管控的困难，也造成了各个业务系统间的适配和协同困难，此外，也有逐步被开发厂商"绑架"的可能。

五是系统架构的可扩展性差。随着业务的高速发展，传统技术架构已经无法解决海量数据、高并发业务场景下的高可用性和一致性问题，即使借助小型机、商用数据库也存在无法伸缩扩展的问题。因此，需要按照云计算方法论重新考虑架构模式。

要解决以上问题，除了实现智能化资源调度和应用托管能力外，更多的是要形成一套基于云计算的上层应用开发框架、开发标准、开发流程、技术规范体系，从而推动各个业务系统都标准化为统一的业务组件和能力单元。

5.3　云计算主要方法论

云计算技术的发展和成熟，在改变传统的信息化建设模式的同时，也推动了信息化建设思维模式的改变，形成一系列新的方法论。这些方法论主要围绕着最大化利用资源、提升信息系统运维灵活性、实现集中管控等方面。下面就主要方法论做一些介绍。

5.3.1 资源服务化

文化和旅游管理部门利用数字化手段开展业务，构建应用最终需要的是计算能力，而非资源。在现有架构中，主要提供的是物理资源，包括物理服务器、网络、存储设备、硬件安全设备等；而云平台技术将物理资源隐藏起来，并以服务形式提供给用户，常用的有 IaaS（基础设施即服务）、PaaS（平台即服务）。这将从用户角度规划服务功能，提升服务灵活性和标准化程度。因此，在使用云计算资源时需要面向服务进行部署和架构设计。在云端构建业务，架构设计的目标要围绕着业务提供的服务。用户关注的是基于云平台的"服务"构建业务。因此需要改变思维，从面向资源改为面向服务。此外，云计算技术明确了云服务提供方和应用建设方的责任，云服务提供方需要保证服务的可用性、可靠性、安全性，按照责任共担模型，底层资源故障属于云服务商的责任，因此用户无须去关注，可以采用弹性伸缩或负载均衡机制创建新的云主机来提供服务，只要保证上层运行即可。

5.3.2 系统集中化

从云计算角度来规划文化和旅游管理数字化整体架构，需要树立"大系统观"，即在各级文化和旅游管理部门内部将最终整合形成一个大系统，现有各类业务系统将是系统中的业务模块和组件单元。基于云技术开展信息化建设，将最终打破原有信息化建设中业务系统竖井式的建设模式，转变为基于SOA 服务化的"平台 + 应用"模式。

大系统观需要业务驱动、分层和组件化等创新模式来推动落地。如仅仅将云计算作为底层资源层面，系统开发仍然按照传统方式推进各业务系统独立建设，而将系统间的协同放在后续阶段来解决，那么云计算将会只停留在技术优势层面上，难以体现业务价值。

5.3.3 软件分层化

与传统的信息化应用架构相比，云计算技术的重要作用就是推动信息化架构转向服务化分层。按照云计算方法论的思路，需要重新对云环境下信息系统进行分层整合。在云平台体系下分为资源、服务和应用三个层面。其中资源层除物理基础设施外，也嵌入了云计算技术平台，用以实现对服务器、网络等物理设备的虚拟化管理。应用则包括了各个松耦合的业务组件模块和顶层云门户集成。在平台和应用层之间是服务层构建，通过标准化的 SOA 参考架构体系，真正实现了平台层服务能力和应用层功能构建之间的彻底解耦。

因此，云计算不仅仅解决平台云化问题，更加重要的是解决业务组件自身需要的基于 SOA 组件化思想设计、基于平台化搭建和集成的问题。

5.3.4 部署便捷化

基于云计算技术构建的云平台，按照以用户为中心的理念，实现用户配置资源、开发应用、运行维护等部署全过程的便捷化和快速化。使用者仅需注册账号，进行个人或企业身份认证，完成费用充值，即可在云平台中快速部署业务，最快几分钟即可注册完成，启动部署流程。颠覆了传统的信息化建设模式，促使新业务部署、测试等时间大量缩短。

云平台资源和服务按需计费，如果不再使用创建的资源，可以及时删除，因此云平台的业务运行与开发成本低、试错成本低。对于同一类应用进行开发部署时，可按照不同参数、环境配置等进行多版本并行部署、测试、验证，对于验证结果符合预期版本的环境，借用云平台的弹性及快速扩展可以创建更多资源支撑业务运行；对于验证结果不符合预期版本的环境，则可保留测试结果后删除资源。

5.3.5 扩展弹性化

现有信息化建设管理机制下，申请资源运行业务，需要开展招投标和采购流程，难以跟上瞬息万变的业务层变动。

特别是面向公众提供的互联网服务，已申请的资源很难适应上层业务的变化，如电商行业的"双11"等流量高峰、游戏行业的玩家快速增加等。云计算方法论提出，对于用户来说，云平台资源是"无限"的。因此，在云计算环境下，开发建设业务系统，用户可以快速扩展资源来应对快速增加的业务流量。用户无须使用非常高配置的云主机，可通过快速横向扩展来提升整体业务性能。对象存储文件的数量和容量也是"无限"的，用户只需负责上传和管理文件，云平台就会自动提供容量来存储。

云平台提供分时共享功能来支撑不同场景的用户业务流量高峰。当业务流量增大需要更多底层资源时，可通过程序自动扩展或手动操作来扩展创建更多资源，当业务流量减少时，也可缩减资源。所有这些操作均可以通过控制台完成或通过 API 自动处理。

当最终用户遍布全球各地时，就需要将业务快速复制到全球各地，得益于云服务商已经搭建好的地域，用户无须倒时差、切换语言交流即可在全世界挑选 DC。当用户业务扩展到东南亚、欧洲时，可选择就近地域部署业务，当业务重心转移到北美洲时，可重新启动云主机部署应用，若在其他地域，逐步释放资源即可，创建或释放由用户自主决定。

5.3.6　使用计费化

相对于传统的 IT 架构，使用云平台需要用户采购完整的服务器、数据库、存储集群、安全防护产品等，需要用户一次性支付大量的费用，即便租用 IDC，也需要一次性租用较长的时间，购买资源时还需要用户按照全年或季度的峰值来购买。对于云平台中的资源按需计费，使用多少服务，就支付多少费用。例如，云主机、EIP、云硬盘等支持按小时、月、年等维度来购买。通过 Serverless 的方式，将计费单元做得更加细致，紧密贴合业务流量的变化和使用服务多少。用户还能随时选择退费（一些有特殊限制的服务除外，如约定最少购买时长的产品或服务）。云计算中的资源和服务的计费方式是完全透明的，用户可通过 Web 控制台、API 等方式来查询所有详细的资源账单和成本划扣记录。

有人说云平台为用户带来的是低成本的好处，要客观看待这个观点。在用户业务规模不足时，购买服务器或租用 IDC 的一次性付费要远高于云服务的按需计费，即使将资源费用折旧平摊对比，也是云服务更便宜。当用户业务规模很大、完全自建数据中心、自研虚拟化平台自行维护整个系统时，购买服务器或租用 IDC 的支出费用可能比云服务少，但额外增加了很多用户核心业务之外的研发管理的人力成本和时间成本。

5.4　构建统一的文化和旅游云

利用云计算、大数据和人工智能等新一代信息技术，构建集中统一的政务云，推动主要信息系统回迁、上云，实现信息系统深度整合和数据共享，推动舞台艺术智慧化管理、市场监管、综合执法、资源开发等重点业务的数字化、网络化和智能化转型。主要内容有基础支撑环境、基础私有云平台、网络安全保障体系等。以全国旅游监管服务平台回迁项目为牵引，搭建架构科学、安全稳定、易于扩展的基础平台，实现全国旅游监管服务平台、文化和旅游统计网上直报系统回迁上云。升级基础云平台，强化安全建设，构建部内统一的业务平台和数据平台，实现统一身份认证、数据共享和政务服务等共性业务服务化改造，构建功能完整的共性支撑平台，推动文化市场技术监管与服务平台、一体化在线政务服务平台等重要信息系统回迁上云及功能完善。文旅政务云平台功能更加完善、应用进一步扩展，部系统内重要信息系统集中上云，部内核心业务实现数字化改造，平台基本具备支撑部内全部业务的能力。

5.4.1　统筹管理算力基础设施

建设"文化和旅游云"管理平台，统一管理和动态调度各数据中心计算、存储、网络等算力资源，实现物理分散、逻辑集中、多层级共享的云服务模式。在互联网端充分借助通过安全评估的公有云资源，应对业务高峰需求，提升响应能力。文化和旅游云向各单位提供从计算、存储、网络等基础设施服务到容器、湖仓一体等应用使能服务，支撑文化和旅游数据存储管理、挖掘分析和应用服务。

5.4.2　加快人工智能支撑环境建设

统筹规划建设人工智能算力基础设施，适当引入国家、区域级超算中心以及第三方资源，协同建立人工智能训练和推理能力，建成支持百亿级参数大模型训练和微调的算力环境。提升算力调度能力，促进各数据中心间人工智能算力高效互补，为人工智能大模型在各数据中心部署运行提供环境支撑，缩减研发、定制、部署投入，加速"云智一体"基础设施融合，增强人工智能算力，支撑智能数字化应用场景。

5.4.3　提升容灾备份能力

统一建立业务数据集中备份机制和备份策略，实现重要数据的跨数据中心容灾备份。涉密和敏感数据由自建异地备份承担，面向社会化服务的数据可通过公有云备份。根据各数据生产单位数据情况，按需扩容异地备份中心存储容量和带宽等资源，积极拓展在线数据备份能力。探索实现计算、存储、网络跨数据中心的统一编排与调度，支持快速异地灾难恢复，保障业务连续性。各地文化和旅游管理部门可以自建或利用当地政府统一建设的异地备份中心。

5.5　文化和旅游云架构探讨

随着云计算技术逐步成熟，以云技术为核心的基础支撑平台形成了多种架构，有公共云平台、私有云、混合云等。要搭建文化和旅游管理数字化的基础支撑平台，就必须选择符合文化和旅游数字化需求和特点的云平台架构。

首先，文化和旅游管理信息系统建设和管理仍采用传统系统开发架构，即烟囱式，大量成熟应用正在运行，推倒重来在短时间内无法实现，且会造成不必要的浪费。因此，在架构设计中要充分考虑传统架构下信息系统的融合整合问题，坚持稳中求进基调，在满足现有系统安全稳定运行前提下，逐步推动系统架构调整。

其次，文化和旅游管理工作中产生的数据，既涉及各行业主体信息，又涉及内部工作信息，还有大量公民信息大批量在公有云环境下存储，网络安全和数据安全存在隐患。国务院等上级部门垂直系统通过电子政务网络与文化和旅游部系统实现对接，这部分也无法搬至公有云。随着行业数字化进程不断加快，文化和旅游管理部门系统建设需求将从内部管理逐步转入依托互联网公共服务，这将需要海量的网络、存储和计算资源，通过内部搭建私有云方式，无法满足日益增加的需求，因此，需要两条腿走路，科学合理规划云平台结构，通过私有云 + 公有云方式，形成数据安全有保障、业务需求可满足的混合云平台架构（图5-1）。

混合架构是将本地私有云与公有云连通后组成的一种云计算架构。构建混合架构需要先连通网络，以便实现跨平台的数据库写请求、组件调用等；其次需要将本地环境的业务和数据同步到云端，在云端能够承载业务流量；最后进行流量切分，将一部分流量转发到云平台中。从这个角度上讲，构建混合架构扩展了本地环境的计算、存储和组件的能力。

混合架构连通是业务架构进行扩展、组件通信、数据迁移备份的基础，在混合架构中将本地环境中的数据备份至云端及跨地域、跨云的迁移的前提都是进行网络连通。网络连通的方式有多种，包括专线连通和VPN等，它们在可靠性、传输性能、费用等方面均有不同，可以根据业务场景进行选择。

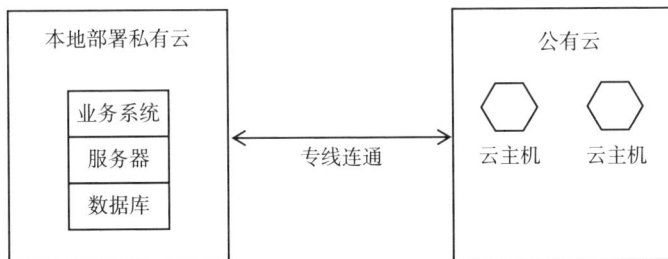

图5-1　混合云架构

要在确保安全的前提下，充分发挥混合架构作用，在平台规划方面主要把握以下几点。

一是合理规范本地和云端云计算功能。要坚持本地为主，在本地搭建功能完善的私有云平台，既要实现基础设施层（IaaS），实现服务器、网络、存储等硬件设施云化管理，达到资源服务化。又要重视平台服务层（PaaS）建设，不断推动基础软件服务化、组件化，逐步推动本地系统整合为大系统。

二是合理规划业务部署。内部管理、涉及敏感信息的业务在私有云部署，并做好与公有云方面的隔离。对于公共服务，大流量、大并发量的应用在公有云上部署。此外，数据备份可以两端备份，增加数据保存安全性。

三是充分发挥公有云优势。通过合理应用部署、迁移和切换策略，发挥公有云资源丰富、组件众多、带宽大等优势。比如，采用温备份方式，在日常使用私有云部署应用，在高峰期迅速启用公有云应用。再比如，在公有云上部署全球业务，并采取策略实现国外稳定访问。

四是强化统一管理。要配置统一云平台管理，实现公有云、私有云各要素的统一管理，避免各自为政。

五是采用多云策略。通过选择多个公共云服务商，增加高可用性及数据可靠性，实现降低成本、节约经费，还能避免被单一厂商绑架。

5.6 文化和旅游云的主要特点：业务的高持续性

高持续性是云计算技术相比传统架构比较突出的特点。传统系统架构要实现高可用性和数据安全性，需要花费大量的精力和经费，而云计算技术则可以非常便捷、经济地实现系统高持续性。

墨菲定律是设计业务高可用时采用的方法论或设计原则。依照墨菲定律，任何一台服务器均有可能宕机，也一定会宕机；任何一块硬盘均有可能丢失数据，也一定会丢失数据。我们可以称之为底层资源的不可靠性。我们应该设计更复杂的逻辑来避免云主机宕机及云硬盘丢失数据吗？不是的，在云平台中，业务构建在云服务之上，架构师需要做的是正视每一个细节、每一个可能出现故障的组件，通过上层应用设计去解决底层组件的不可靠。

高持续性可以分为高可用性、高可靠性和高可恢复性。

5.6.1 高可用性

实现业务高可用需要在各个层面寻找出可能造成单点故障件并通过冗余避免单点设计，在云端最基础的高可用设计就是在多台云主机之间实现冗余，有效避免单台云主机故障带来的影响。同时云主机上的应用程序还必须要合理部署在多云主机上，如果应用程序或其某个组件仅部署在单台云主机上，则无法避免单台云主机故障的影响。

在做到了云主机级别高可用的同时，可以将多云主机应用部署到不同区域，不增加成本，也基本不会增加系统部署难度，还避免单个可用区造成的单点。业务在单个地域内部署之后已经能够满足大多数业务高可用的要求，对于需要进行异地高可用、避免地域或城市级别灾难的应用，还需要考虑多地域部署，在多地域间进一步提升业务可用性、数据可靠性。传统架构下的两地三中心同样可部署到云端，采用云平台的多个地域部署来实现。通常情况下，不同地域位于不同的城市节点，跨地域部署可以起到异地备份的作用，其缺点是跨地域部署的网络延迟高，对于数据库写操作是比较大的考验，如北京与上海之间，其优化方式是通过高速通道进行加速。

对于全国甚至全球部署的，大流量大并发的应用，要考虑将业务单元化，按照不同地域的用户导流到不同地域，并且在该地域尽可能实现业务闭环。如果仍需要跨地域调用，通过后续的高速通道连通内网，然后调用组件，但需要在数据一致性及性能间进行平衡。具体做法是：所有用户流量通过统一访问入口接入，通过智能 DNS 将不同地区的用户就近接入或在业务转发层按照用户属性将用户切分到多个地域中，在每个地域中均有相同的业务模块来处理用户所有的业务逻辑，在没有故障或高可用降级等情况时无须通过跨地域调用其他组件的单元化部署。

跨地域实现业务高可用，对于无状态的接入层和逻辑层云主机可以"无限"横向复制，而数据库的写操作还是只能在一个主库中操作，在跨地域的数据库保持实时同步，存在网络延迟高的障碍，兼顾数据一致性和可用性就成了难题。这就需要根据具体业务需求，采取不同数据库操作策略。比如，采用最终一致性，即业务在当前地域的数据库中的写操作成功即返回操作成功，之后再异步复制到异地地域的从库中，最终保持当前地域和异地地域的数据一致性。或者采用强一致性，即业务逻辑在当前地域写成功后会实时同步到异地地域，只有在当前地域和异地地域均写成功后才向调用端返回成功。

除了数据库，还有对象存储及主机等跨地域同步数据，对象存储跨地域的复制可采用其支持的"跨地域数据同步"的功能。云主机也需要实现跨地域的复制，可采用镜像复制的方式，即在当前地域为云主机制作镜像，通过云平台的能力直接复制镜像到其他地域。

在业务部署方面，可根据应用访问不同需求，采用冷备份、温备份和双活的方式。

冷备份是指数据按照备份的方式复制到另外一个地域中，通过镜像或文件的方式复制到云主机，通过对象存储跨地域复制特性保持数据同步，数据库数据通过异步备份进行复制。在当前地域出现故障时，可将另外一个地域中的应用和数据拉取到本地进行恢复。

温备份是将应用按照最小容量复制到另外一个地域，将数据异步同步到另外一个地域，其数据备份方式同冷备份，在另外一个地域中已经为各类应用启动了业务所需的最少的云主机等资源，保证在异地有可运行应用的最小环境。在当前地域出现故障时，在另外一个地域中能够通过自动伸缩或手动触发扩容来启动完整的业务运行环境，并且再将所有业务流量切换到温备份的地域中。在多个地域中实现温备份的部署方式应对地域障碍的能力较强，恢复业务所需要的时间较短，但会有部分未完成同步的数据丢失。

"双活"模式是尽可能及时将所有业务和数据在两个地域之间进行同步，两个地域中都有完整的应用运行环境，并且业务流量由两个地域中的应用同时承担。将所有用户流量按照用户所在地域或其他属性切分到相应的地域中，如将华北的用户流量切分到北京地域，将华东及其他地域的用户流量切分到上海地域。在单个地域出现故障时，可将所有流量切换到另外一个地域中，因为数据进行了接近实时的同步，剩下的只需要扩展云主机资源即可。"双活"模式应对故障的能力最强，但是实现逻辑也更复杂，适合对业务要求极高的场景。

5.6.2　高可靠性

高可靠性主要关注数据的安全性，云计算实现数据的可靠性，可以从结构化、非结构化数据两个方面来考虑。

结构化数据主要是数据库存储处理，核心问题是确保数据库高可靠性。虽然在云主机上可以自行搭建常用的关系型数据库（如 MySQL），对于小型应用来说，能够满足关系型数据的存取需求。在云平台环境上，要实现数据库高可靠性，就要选取云数据库服务，云平台交付高可用、高性能的数据库服务，并提供简便的数据库扩展、备份、回档、监控等机制，提供与开源版本数据库一致的服务并自研优化性能。云平台交付的数据库服务和用户调用接口之间有清晰的界限，用户只需要使用数据库服务即可，后端功能由云平台实现与保障。如果是关键应用，可以选用高可用版本的云数据库。它后端采用双主架构设计，在后端会创建 Master 和 Standby 两个云数据库实例，不过这对于用户不可见，用户看到的是一个云数据库实例。高可用版本的云数据库将实时监控底层节点的可用性，一旦监测到 Master 数据库不可用，则自动将该云数据库实例的 VIP 漂移至 Standby 数据库中，通过单一 VIP 接入，提供一个云数据库实例进行服务，保证数据库服务稳定、可靠，整个过程对用户透明，不需要人工干预和配置修改。此外，用户可创建多个云数据库实例构建主从库，并保证可随时切换，以保证高可用。

在非结构化数据方面，在应用中都有大量静态文件存储，并且文件数量每天都在增加，如何在不影响读写性能的前提下有效、可靠地存储快速动态增加的文件成为应用中急需解决的问题。云平台的对象存储是专为存储静态文件设计的。使用对象存储时，用户无须配置存储的空间容量，服务后端会自动调配空间来存储增加的文件。传统存储系统采用集中式的存储服务器来提供存储服务，这时存储服务器会成为性能瓶颈，并不能满足大规模数据存储的需求。云端对象存储服务采用分布式存储方式，通过多台存储服务器实现存储虚拟化，存储的数据可能会分散在多台存储服务器中的任何一个地方，在调取文件时通过管理控制端自动将分散的数据块拼接，返回给用户或程序一个完整的、和上传时相同的文件。因此对象存储服务通过多台存储服务器消除了存储性能瓶颈，并且提高了存储服务的可靠性和可用性。Web 应用或 App 中的静态展示资源存储在对象存储中，用户访问应用时，应用会自动从对象存储中下载对应的文件，不必经过服务器，服务器只需要处理对动态数据的读写。当存储的对象文件数量激增时，对象存储服务后端弹性扩展并且没有存储容量的限制，保证了对象存储服务的高可用性。同时，激增的对象文件数量不会影响运行在云主机、云数据等服务上的其他业务，反之云主机或云数据库等服务故障也与对象存储服务隔离开来。

5.6.3　高可恢复性

云平台提供的云硬盘、云数据库等存储服务都提供冗余、高可用架构设计来保证存储可恢复性，运行应用的虚拟云主机也有相应的漂移机制，在物理服务器宿主机故障时能够支持虚拟服务器的漂移。这些机制应尽可能保证其可靠性，保证数据在需要访问时就能够进行访问，还需要基于产品层面进行备份，来实现访问任何指定的数据版本或指定时刻的数据版本。

对于已经在云端部署的业务和云端存储的数据，首先要考虑的是当前单个可用区内的备份也是跨可用区、跨地域甚至跨云备份的基础。在单个可用区内应尽可能采用云平台的机制保证在单个可用区内的数据和业务是有备份的，实现可用区内的业务持续性和数据可靠性。

云平台上的云主机通过镜像（Image）方式实现备份和恢复主要有以下

途径。

（1）通过选择系统提供的镜像或自定义镜像创建云主机。

（2）通过制作镜像对云主机的系统盘进行备份。

（3）在云控制台中手动为云主机制作镜像，支持创建并保存多份镜像。

因此可以选择重要节点对云主机的系统盘制作镜像，可以定时制作镜像。在发生故障或云主机宕机时，可以通过备份镜像快速启动云主机。

5.7　文化和旅游云的主要特点：弹性扩展

与传统信息化架构相比，弹性扩展是云计算技术区别于传统信息化架构的显著特征。弹性扩展是指系统、网络或应用在面临变化的需求时，能够动态、灵活地调整其资源，以保持高效、稳定运行的能力。这种能力对于应对突发流量、处理大数据、支持云计算等场景具有重要意义，能够提高资源的利用率，降低成本，增强系统的可靠性和稳定性。弹性扩展能力的核心是自动化和智能化，通过监控、分析和预测，实现资源的自动分配、扩展和收缩，以满足不断变化的需求。

前面讨论的文化和旅游云混合架构，本身就是云计算弹性扩展的成果。目前支撑业务的本地数据中心全部迁移到公有云比较困难，因为网络及数据安全的要求，一些核心数据库必须保留在本地数据中心，但是本地环境在计算能力、存储及备份能力、安全防护能力等方面均受到了很大的限制。公有云具有灵活、弹性易扩展、安全的优势，并且有更丰富的产品种类，将本地环境和公有云打通融合成混合架构，则能在本地环境现状不变的情况下享受公有云带来的便利。

混合架构主要有以下优势：一是当本地环境的计算资源不足时，可以启用云端计算资源来应对。二是当业务需求较少时，可以在云端部署少量应用实现温备份，从而节约经费。三是在本地环境部署业务，安全防护能力不足时，可以将流量先导入云端，使用云端安全能力。四是需要将本地环境的数据进行异地备份时，可以将数据传输至云端，利用云端数据高可靠性优势。五是在应用系统改造、建设中可以使用云端通用组件，从而节约投资。

弹性扩展主要有自动伸缩、纵向扩展、横向扩展、数据库层扩展等形式。在业务访问高峰期最简单有效的方式就是对云主机等计算资源进行纵向升级、横向扩展，及时应对业务高峰期。在业务高峰期之后通过对云主机进行纵向降级、横向缩容，释放不再需要的计算资源，从而节省成本。纵向扩展就是对云主机的配置进行升级或降级，横向扩展是通过负载均衡将系统请求分散到多个后端服务节点中降低系统对单台云主机的压力，增加或删减云主机的数量。

云计算服务和自动化流程在很大程度上减少了人工参与的过程，自动化流程可以避免人员介入导致的操作失误、响应不及时等风险，应该根据资源运行状况的监控或周期性策略进行自动化的资源扩展或缩容。云平台通过自动伸缩的方式实时监测后端服务节点的压力指标，达到设定的策略时自动触发增加服务器的扩容动作或删减服务器的缩容动作。对于使用者来说，自动伸缩可以保证有适量的计算资源来处理业务请求。

第六章

数据治理方法论：构建文化和旅游数字化资源体系

　　数据是长期制约文化和旅游数字化转型的关键问题，文化和旅游资源数据点多面广，数量巨大、涉及部门多、权属各异，都为建立统一数据管理体系带来巨大挑战。文化和旅游资源数字化工作已经开展多年，积累了众多电子数据资源。在互联网化、大数据和人工智能时代，需要我们顺应技术发展要求，解决好数据管理问题，深化数据资源挖掘融合，全面提升数据共享服务能力，充分发挥数据要素价值。

　　中华民族拥有悠久的历史和灿烂的文化，在信息化时代之前，历史和文化的载体主要是纸张，历朝历代无不重视文化资源收集整理和数据治理。从"车同轨、书同文"，到《资治通鉴》，再到《四库全书》都是前信息化时代文化资源数据采集保存应用的典范。在信息化时代，文化和旅游资源数据极大丰富，记录存储应用技术不断进步，建立统一的文化和旅游数据资源治理体系，推动文化资源电子化采集、整理、保存、传承和应用，是现代文化和旅游工作者面对历史必须回答的问题，也是我们这一代必须做的事情。

　　文化和旅游数据资源管理是一项系统性工作，涉及文化和旅游全行业、全领域和所有单位，具有长期性和复杂性，必须找到正确方向，长期坚持，分阶段实施。技术角度上，数据资源管理工作包括五个方面，即生成、存储、交换、转换和服务，必须从数据资源全生命周期角度，制定标准、构建技术体系。通过构建应用场景，打通数据与业务联系，让数据产生价值，构建数据资源开发利用长效机制。

6.1　文化和旅游数据管理工作存在的问题

客观地讲，文化和旅游数据资源还没有开展全国范围内的有效管理。首先数据资源管理工作责任部门不明确、真正懂业务精通数据治理的复合型人才空白。其次没有明晰可行的顶层设计，没有科学明确的战略方向。最后没有可靠、科学的数字化平台支撑。主要表现在以下两个方面。

一是数据质量不高。目前还没有形成统一的文化和旅游数据资源库，各类数据资源均掌握在各业务单位中，文化和旅游管理部门对数据掌握大部分通过自下而上人工报送。导致越往上掌握数据越少越零散。由于大量的业务统计需要人工干预和手工操作，准确性大打折扣。

二是数据对业务的支持仍需加强。文化和旅游各单位在充分运用智能化分析手段、加大数据挖掘深度、提升数据价值方面仍有较大差距。

6.1.1　数据标准体系不健全

基于文化和旅游自身特点，适应数据治理工作需要的数据元数据标准化滞后。元数据管理还停留在初级阶段，元数据分散于日常的业务和职能管理中，且只在局部使用。

主数据和参照数据标准化滞后。主数据和参照数据标准化是数据标准化的核心。文化和旅游各单位由于信息系统孤岛式建设，导致系统之间数据口径、加工方法迥异。同一字段的数据在不同条件下含义不尽相同，相互间的可用性也较差。

指标数据标准建设滞后。指标数据标准是对文化和旅游所涉及指标的统一定义和管理。这些指标不仅需要在业务系统中统计和展现，还需要在数据分析系统中展现。由于没有实现指标数据标准化，各单位在需要数据时，必须从所涉及的各系统、表库中进行分析和定义，成本较高。

6.1.2 数据管理体系不完善

数据治理的组织体系不完善，数据源头部门对数据管理参与度不充分，缺乏有效对数据治理流程的管理。当前主流采用的条块的管理架构让数据的管理呈现条块分割状，导致跨领域、跨系统的数据治理沟通成本高、协调难度大，缺乏统一的数据质量管理体系。只有建立全过程质量管理体系，才能让数据真正发挥作用。缺乏有效的数据责任追究制度，导致责任不明晰。

6.1.3 数据治理工具和技术体系建设滞后

文化和旅游行业各单位缺乏统一数据治理技术平台和工具，也没有真正落实数据管理体系，这导致在落实数据管理自主化、提高数据管理效率的过程中，没能从根本上消除业务系统的信息孤岛，不能为数据资源中心与外部数据系统提供高效数据服务。

6.2 文化和旅游数据资源体系的顶层设计

业务与数据的融合是文化和旅游工作数字化转型的必经阶段。从数字孪生视角看，在文化和旅游各项工作的动态链条上，任何的相关要素都可以及时、准确地映射为相应的数字形式，从而描绘文化和旅游工作的"全景"，为科学决策、有力推进数字化提供强大的支撑和引领。当然，要完成全景转化，文化和旅游管理部门不仅要充分运用、有机融合各种前沿技术，还要在梳理管理架构、细化标准、搭建业务流程的基础上进一步归纳深层逻辑，构建数字映射底层规则，从而实现数据全景化挖掘、获取、转化、传输和存储，为推进高质量发展夯实基础。

6.2.1 总体架构

文化和旅游资源数据门类多、数量大、数据类型复杂、版权不同，不宜采用简单的大汇聚方式。根据文化和旅游管理部门实际情况，通过业务运行数据全量汇聚、资源数据目录汇聚等方式，实现国家省两级数据共建共享共用。架构设计中要充分考虑文化和旅游数据资源与各行业各部门数据交换融合、数据应用需求、数据安全性。整体构架如图 6-1 所示。

在国家省两级规划建设统一的文化资源数据中心，按照基础资源、行业监管、公共服务、经济社会四大类数据汇聚管理，扩展建设文化和旅游资源"一张图"，实现文化和旅游资源、管理和服务全域全要素全生命周期数字化融合。部级文化和旅游数据中心通过电子政务外网（业务专网）与中央各部门、各省市和各直属单位联通，实现目录汇聚、数据共享和服务调用。

6.2.2 数据汇聚共享主要原则

主要原则的意思是文化和旅游数据在采集、汇聚和共享等环节中必须遵循的基本要求。在数据资源建设应用工作中，由于单位部门不同、层级不同，各方面推进工作思路、立场也不大相同，在平台建设、数据建设和日常工作中，如果没有统一原则约束，将会催生数据孤岛、重复采集和数据不一致等问题。因此，必须在统一原则下，调动各方面力量，有序推进有关工作。

唯一性：国家省两级建设统一数据中心，原则上部级数据由省级数据中心提供，尽量避免部级数据中心向各司局、各单位横向汇聚数据。对于外单位数据，统一由国家省两级中心从外单位汇聚。此类数据为需要汇聚的全量型数据，不包括各专业单位的专业数据库。

分类管理：国家省两级数据中心汇聚数据分为全量和目录两种类型。全量要求国家省两级掌握数据的全部信息，一般为支撑日常行政管理和公共服

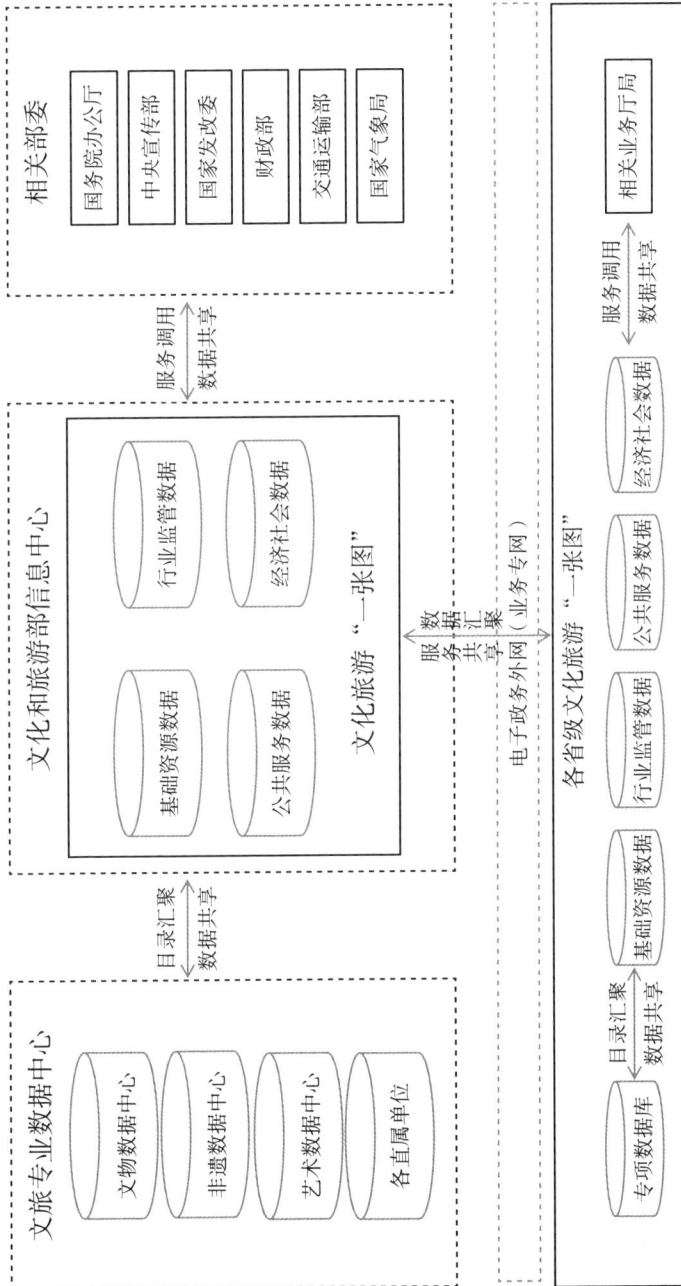

图 6-1 全国文化和旅游数据资源体系整体架构

务类型的数据；目录型为文化和旅游资源，因为专业性和分工原因，此类数据由各专业单位单独构建数据中心，仅向国家省两级数据中心提供数据目录，如文物、非遗等。根据工作需要，经审核后，再向国家省中心推送详细数据。

有序共享：国家省两级数据中心通过数据推送、服务调用等方式向各单位、各部门提供数据共享服务。原则上文化和旅游各单位各部门不向其他单位单独共享数据。

确保安全：国家省两级数据汇聚共享应用运行在电子政务外网或者业务专网上，避免全量数据应用与互联网联通。尽量避免采集人员身份等敏感信息。

6.2.3　文化和旅游"一张图"

文化和旅游资源"一张图"是文化和旅游数据资源数据库的形象说法。主要包括基础资源、行业监管、公共服务、经济社会四个主题数据库和各单位形成的专业数据库。一张图的概念是以四个主题库数据为支撑，按照地图应用方式，形成支撑文化和旅游业务工作的统一地图。

文旅基础资源数据是描述文化和涉旅要素基本信息的数据。内容主要包含景区（度假区）、住宿业、旅行社、文娱场所、公共图书馆、文化馆、博物馆、非物质文化遗产保护中心等基础数据。采集方式为使用统建的文旅基础资源采集系统进行在线采集。采集频率为按天、月、年采集。

文旅行业监管数据是通过各种渠道反映景区、旅行社、住宿业、重点文旅场馆以及旅游舆论环境中涉及的事件和事件体数据，确保文旅行业监管目标得以实现。内容主要包含全域客流监测数据、重点场馆运行监测数据、景区运行监测数据、旅行社运行监测数据、住宿业运行监测数据、文旅消费数据、文旅舆情数据、文旅咨询投诉数据以及文化产业发展基本情况等数据。采集方式为通过互联网数据、第三方数据、票务、视频监控、闸机等渠道采集获得。采集频率须根据不同采集内容而定。

文旅公共服务数据是指面向游客或企业提供旅游信息资讯、安全提示、旅游攻略以及面向群众的文化公共服务等相关数据。内容主要包含天气环保、交通信息、工商数据、物价数据、应急事件、卫生医疗、养老养生、旅游知识服务和文体活动等数据。采集方式为通过接口方式跨部门采集。采集频率按每月、年采集。

经济社会数据是为文化和旅游系统各单位提供的我国经济社会基础数据。通过国家统一数据共享渠道获取数据，并根据各单位需要共享推送。数据来源是人口基础数据库、法人数据库、宏观经济数据库、自然资源与空间地理数据库"四大基础数据库"。

专业数据库是指文化和旅游各单位在工作中形成的文化和旅游资源各类数据库。主要考虑此类资源专业性强、数据量大，应用范围较为单一，不适宜全量统一汇聚。由各单位根据工作需要自行建设，并提供数据目录给国家省两级数据中心。如下一步在公共服务、业务管理等工作中需要，可以再行全量汇聚。

6.3　文化和旅游数据治理

建立组织架构，明确各级领导、内设部门和各单位等在数据方面的职责，制定和实施系统化的制度、采集方法，确保数据统一管理、高效运行，并在经营管理中充分发挥的动态过程。文化和旅游管理部门应将数据治理纳入治理范畴，建立自上而下、协同的数据治理体系。除明确各级领导和相关部门数据治理领域的职责外，数据治理还包括以下内容。

在数据管理方面，数据治理包括制定和执行数据战略、制定数据管理制度、建立覆盖全部数据的标准化规划、完善数据信息系统、加强数据录集统一管理、建立数据安全策略与标准、加强数据资料统一管理、建立数据治理应急预案、建立数据治理自我评估机制、建立数据激励和问责机制等。

在数据质量控制方面，数据治理包括确立数据质量管理目标、建立数据治理控制机制、建立覆盖数据全生命周期质量监控体系、加强数据源头管理、建立数据质量现场检查制度、建立数据质量考核评价体系、建立数据质量整改机制等。

在数据价值实现方面，数据治理包括充分运用数据分析，合理制定风险管理策略，有效监测、报告和控制各类风险，提高数据加总能力，提高风险报告质量；充分评估兼并收购、资产剥离等业务对自身数据治理能力的影响；准确理解客户需求，提供精准产品服务，提升客户服务水平；量化分析业务流程，提高经营效率，降低经营成本；实现业务创新、产品创新和服务创新；按照可量化导向，完善内部控制评价制度和内部控制评价质量控制机制等。

6.3.1　数据治理体系框架

文化和旅游数据治理体系按照功能可以分为四层（图 6-2）。

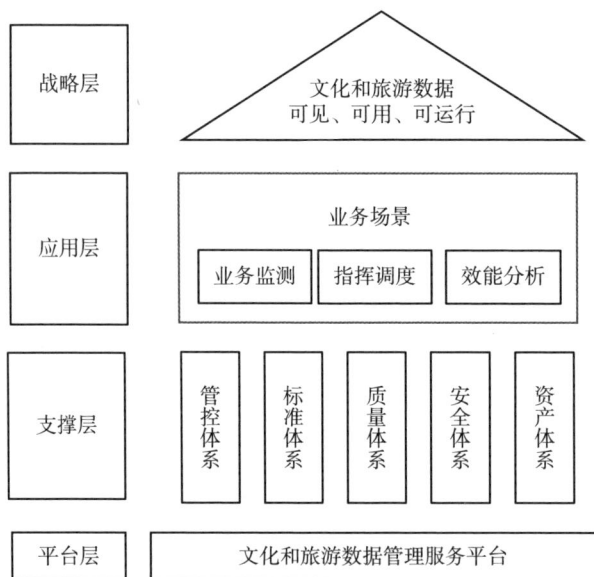

图 6-2　文化和旅游数据治理体系架构

平台层：主要提供数据采集、汇聚和交换共享等基础功能，此外为其上层提供平台支撑。

支撑层：为了确保数据应用规范、标准和安全，提出了一系列质量控制、安全保障措施，主要包括管控体系、标准体系、质量体系、安全体系和资产体系。

应用层：根据各种业务需求，通过调用、共享和推送等方式，形成各种数据应用。

战略层：通过平台、技术、管理和应用，达到数据可见、可用和可运行的数据治理目标。

6.3.2　数据治理组织架构

数据治理组织架构是开展数据治理的机制保障，要围绕数据全生命周期管理建立有关工作机制，工作机制涵盖所有与数据相关的职能、角色和责任，确保数据在文化和旅游系统内得到妥善管理和利用。整体如图 6-3 所示。

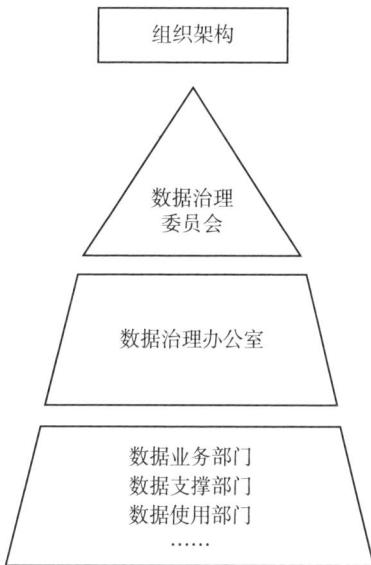

图 6-3　数据治理组织架构

（一）数据治理委员会

数据治理委员会是文化和旅游数据治理的最高决策机构，负责制定文化和旅游数据战略、把控数据治理的总体策略，为数据治理目标指明方向，审批数据政策、解决跨部门数据争议。由文化和旅游部领导，各司局、信息中心、数据分析机构组成。

（二）数据治理办公室

数据治理办公室是数据治理工作的归口管理部门。负责文化和旅游数据相关政策和办法的制定和后续推进落地；进行数据质量、数据标准、元数据等数据相关的具体管理工作。由相关业务司局负责人、信息部门负责人等组成。并根据职能下设小组：

数据标准组：定义和维护数据标准、数据字典。

数据质量组：监控和提升数据质量，实施数据清洗和校验规则。

数据安全组：确保数据的安全存储、访问控制和合规性。

元数据管理组：管理数据的元数据，促进数据理解和利用。

（三）业务部门数据责任人

在各司局、各单位设置数据责任人岗位，作为业务部门与数据管理部门的桥梁，负责本部门数据需求提出、数据质量反馈、数据应用推广等业务。职责范围包括：参与数据标准的制定，确保业务数据符合企业规范；监督本部门数据的使用和保管，提升数据价值。

（四）信息中心

提供技术支持，包括数据平台搭建、数据分析工具开发、数据仓库管理等，以及数据治理相关的技术解决方案的实施。

与数据管理部门紧密合作，确保技术解决方案符合数据治理策略。

（五）审计与合规部门

定期对数据治理情况进行审计，确保数据治理活动的合规性和有效性，职责范围包括：审查数据治理流程、政策和执行情况，提出改进建议，防范数据风险。

以上部门分工协作、密切配合，各级部门定期召开会议。数据治理委员会应定期召开会议，回顾数据治理进展，解决关键问题沟通机制。建立跨部门沟通渠道，确保数据治理相关信息能够及时、准确地传递。开展数据培训与教育，加强对员工的数据治理意识培训，提升全员数据素养。

6.3.3　数据治理的步骤

数据治理是一项专业性很强的工作，文化和旅游管理部门开展数据治理有四个主要步骤。

一是建机制。目前数据治理机制尚存空白，机制建立经历着从无到有的过程，需要建立数据管控长效机制，为数据治理工作的开展打下坚实基础。

二是定规范。制定文化和旅游数据资源的全国统一标准，使得数据质量的长效提升有切实的抓手。

三是抓执行。数据治理必须在管理部门、业务部门和技术部门充分协作下才能取得成效。

四是促应用。随着数据治理工作的不断推进，在数据服务和数据应用方面将进一步优化提升，为业务开展提供更有效的支撑，使数据资产的价值得到充分的发挥。

6.3.4　数据治理的制度建设

文化和旅游数据治理必须有科学、完善和可行的制度作为支撑。数据治理制度体系是文化和旅游管理部门在日常工作中产生、管理数据共同遵守的规定和准则的总称，是开展数据治理的体制保障。它以一定的标准和规范来调整文化和旅游管理部门内部的数据管理关系，调动各级人员的积极性和创造性，从而进一步提升数据管理质量。

参照主流的数据治理制度建设经验，结合文化和旅游管理部门机构设置实际，文化和旅游数据治理制度体系分为4个部分，分别为数据管理政策、数据管理制度、数据管理细则和具体操作手册。

数据管理政策由数据治理委员会制定，主要内容是说明数据治理在文化和旅游工作中的定位和战略目标，明确此项工作运行的机构、工作内容和运行基本规则。

数据管理制度由数据治理办公室牵头制定，信息中心及各归口单位根据职能分别编制，由数据治理办公室审批后发布。主要内容是为各数据职能内的工作开展制定一系列的流程规范和管理办法。

数据管理细则由各司局、各单位和各省级数据管理部门制定，按照数据治理的职能依据数据管理制度，结合自身业务系统分别细化，确保各数据治理制度得到落实。

具体操作手册由各业务系统建设运维部门根据以上体系制定，聚焦具体操作过程和方法，指导一线执行人员标准化开展特定的工作事项。主要内容包括针对某项具体工作制定的操作过程指引，确保操作标准准确。

此外，依据以上数据治理制度体系，分别形成数据治理的规范流程框架。一般包括四个方面，分别是数据标准体系流程、安全管理流程、数据质量管理流程和数据资产管理流程。

6.4　文化和旅游数据标准体系

文化和旅游领域数据标准体系建设要落实《中共中央、国务院关于构建数据基础制度更好发挥数据要素作用的意见》《国家标准化发展纲要》要求，遵循数字经济发展规律，依据《国家数据标准体系建设指南》，以数据"供得出、流得动、用得好、保安全"为指引，构建文化和旅游统一的数据标准体系。

6.4.1　国家数据标准体系

国家数据标准体系结构包括基础通用、数据基础设施、数据资源、数据技术、数据流通、融合应用、安全保障7个部分。数据标准体系结构如图6-4所示。

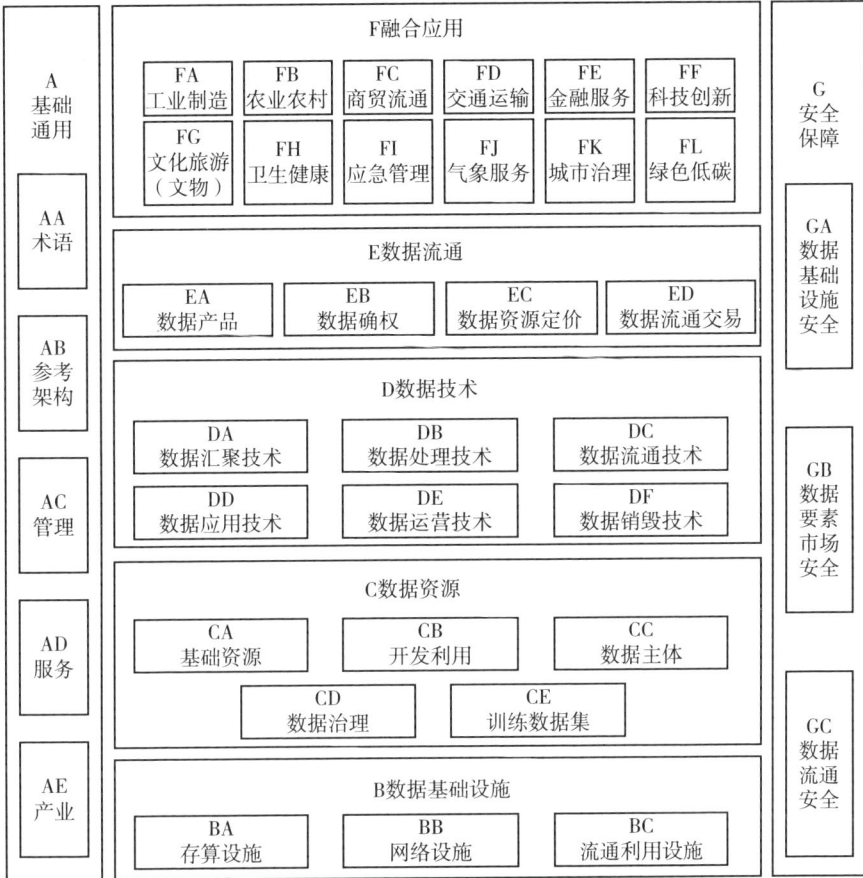

图 6-4　数据标准体系结构

基础通用标准主要包括术语、参考架构、管理、服务、产业等。术语标准主要用于统一数据相关概念，为其他部分标准的制定和数据业务的开展提供基础支撑。参考架构标准主要规范数据相关方的逻辑关系和相互作用，用于帮助各方认识和理解数据标准化的对象、边界、各部分的层级关系和内在联系。管理标准主要规范数据管理参考模型、数据管理能力评估模型和数据管理能力评估方法等，为其他部分标准的制定提供综合管理支撑。服务标准主要规范数据服务分类、数据服务能力评估模型和方法、数据服务工具功能和性能要求等，为其他各部分标准的制定提供通用服务支撑。产业标准主要规范数据产业分类、数据产业监测指标体系等。

数据基础设施主要包括存算设施、网络设施、流通利用设施等。存算设施标准主要包括数据算力设施、数据存储设施等标准。网络设施标准主要包括5G网络数据传输、光纤数据传输、卫星互联网数据传输等标准。主要规范数据流通利用中数据接入、数据传输、流通平台、流通应用等相关设施的技术、流程、管控要求。流通利用设施标准包括数据流通接入要求、传输服务要求、平台技术要求、应用技术要求，以及数据流通利用流程、管控等标准。

（一）数据资源标准

数据资源标准是体系的核心内容，这里重点加以介绍。主要包括基础资源、开发利用、数据主体、数据治理、训练数据集等。

1. 基础资源标准

主要包括元数据、主数据、数据目录、数据模型等标准。

（1）元数据标准。主要规范元数据的描述、管理和应用。包括元数据管理、注册、编码、交换要求，以及公共数据字典、基本数据集元数据等标准。

（2）主数据标准。主要规范主数据的描述、管理和应用。包括主数据分类、管理、编码、质量等标准。

（3）数据目录标准。主要规范数据目录的编制、管理和维护等。包括数据目录编制指南、编码要求、要素要求、服务要求、系统接入要求等标准。

（4）数据模型标准。主要规范数据模型的架构、建设和维护等。包括数据模型参考架构、管理要求、成熟度等标准。

2. 开发利用标准

主要包括数据开放、数据共享、数据授权运营、开发利用能力等标准。

（1）数据开放标准。主要规范数据的开放要求、开放目录、平台系统、评价要求等。包括数据开放要求、目录，以及系统平台要求、评价等标准。

（2）数据共享标准。主要规范数据实现跨系统、跨部门、跨层级、跨区域共享的程序要求、系统平台、评价要求等。包括数据共享流程、系统平台要求、方式、评价等标准。

（3）数据授权运营标准。主要规范数据授权运营的架构、管理、服务、平台和成效等。包括数据授权运营参考架构、管理要求、服务目录、平台建设、绩效评估等标准。

（4）开发利用能力标准。主要规范数据开发利用能力要求、评估等。包括数据开发利用能力要求、评估等标准。

3. 数据主体标准

主要包括公共数据、企业数据、个人数据等标准。

（1）公共数据标准。主要规范公共数据为主体的基础属性和衍生属性。包括公共数据指南、基本要求等标准。

（2）企业数据标准。主要规范企业数据为主体的基础属性和衍生属性。包括企业数据基本要求等标准。

（3）个人数据标准。从数据产权角度，主要规范个人作为市场主体，掌握、持有相关数据和产品的数据资源持有权、数据加工使用权、数据产品经营权等合法权利。

4. 数据治理标准

主要包括数据业务规划、数据质量管理、数据调查盘点、数据资源登记等标准。

（1）数据业务规划标准。主要规范实现数据业务规划目标所需的数据构成与资源体系。包括数据业务规划要求、规划实施流程、分类等标准。

（2）数据质量管理标准。主要规范数据全生命周期质量的管理、管控与评价。包括数据质量评价指标、评价方法、管理要求、处理要求等标准。

（3）数据调查盘点标准。主要规范数据调查盘点的程序、模型等。包括数据调查盘点程序要求、模型规范等标准。

（4）数据资源登记标准。主要规范数据资源登记内容、登记程序、管理与服务评价等。包括数据资源登记管理要求、实施流程、信息、凭证、平台管理等标准。

5. 训练数据集标准

主要包括训练数据集采集处理、标注、合成等标准。

（1）训练数据集采集处理标准。主要规范适用于大模型训练数据集的采集与处理要求。包括训练数据集格式要求、分类分级、采集性能、分析监测、质量要求等标准。

（2）训练数据集标注标准。主要规范适用于大模型训练数据集的标注质量要求。包括训练数据集标注技术要求、规程、方法、能力评估等标准。

（3）训练数据集合成标准。主要规范适用于大模型训练数据集的合成要求。包括训练数据集合成技术、服务、工具、检测要求等标准。

（二）数据技术标准

主要包括数据汇聚技术、数据处理技术、数据流通技术、数据应用技术、数据运营技术、数据销毁技术等。

1. 数据汇聚技术标准

主要规范多类型数据的采集和接入汇聚技术，以及多源异构数据接入、格式转换、资源调度的技术要求。包括数据采集、数据解析、数据提取、数据接入、数据传输等技术要求标准。

2. 数据处理技术标准

主要规范数据存储、计算、加工的技术要求。包括数据存储、数据仓储管理、数据清洗、数据分析、数据挖掘、数据批流计算、数据分布式处理、数据识别等技术要求标准。

3. 数据流通技术标准

主要规范数据接口、标识、管控等的技术要求。包括数据接口、数据标识、跨域管控、数据血缘等技术要求标准。

4. 数据应用技术标准

主要规范各行业领域数据融合应用的技术要求。包括支撑行业领域数据技术要求、应用服务要求等标准。

5. 数据运营技术标准

主要规范数据高效运营的技术要求。包括数据动态监测、数据需求分析、数据交互、数据交付、数据使用服务和处置等技术要求标准。

6. 数据销毁技术标准

主要规范数据有效销毁的技术要求。包括数据销毁处理等技术要求标准。

（三）数据流通标准

主要包括数据产品、数据确权、数据资源定价、数据流通交易等。

1. 数据产品标准

主要规范数据产品的设计、管理、开发、服务等。包括数据产品设计规划、管理、开发、服务、应用等标准。

2. 数据确权标准

主要规范数据产权的结构性分置方法、衍生数据判别，数据确权的信息管理、登记程序、平台要求、技术要求等内容。包括数据确权规则、方法，数据产权流转规范，以及数据登记指南、平台技术要求、信息、证书等标准。

3. 数据资源定价标准

主要规范数据资源价值度量的技术要求、评价要求等。包括数据资源评价模型、定价方法、成本核算、价格监测等标准。

4. 数据流通交易标准

主要规范数据流通过程和交易环节的参考架构、管理规范、指南要求等。包括数据流通参考架构、数据交易指南、数据交易平台技术要求、数据范式交易要求等标准。

此外，还有融合应用标准和安全保障标准在此不多介绍。

6.4.2　文化和旅游标准体系建设

要做好文化和旅游标准体系建设，要结合文化和旅游行业的特点和实际，按照科学的流程、规则和标准，力求解决实际问题。

为实现数据的规范化，需要通过统一的数据标准属性来进行定义。数据标准属性是指数据标准中定义的各种属性，这些属性确保数据的一致性、准确性和可交换性。数据标准属性主要包括以下几个方面。

规范性：数据内容、命名、格式、取值等规范统一。例如，时间信息以

yyyy-mm-dd 格式存储，性别属性使用"M""F"表示等。

完整性：数据完整、没有缺失。例如，人员信息应涵盖性别、年龄等，身份证号码不能为空。

唯一性：同源或跨源的数据在信息含义上一致。例如，同一个人的性别应保持一致。

一致性：记录和字段没有重复。例如，同一个 ID 不应有重复记录。

准确性：数据内容及其含义正确。例如，年龄应在合理范围内。

关联性：不同表格之间数据的关联完整且正确。例如，两张表建立的关联关系应存在，不丢失数据。

数据标准属性可以分为三类，分别是业务属性、技术属性和管理属性。业务属性用于实现业务沟通，包括标准主题、标准大类、标准中类、标准小类、标准编码、中文名称、英文名称、业务定义、业务规则、引用相关标准等。技术属性用于规范结构化数据的存储和处理。包括字段类别、字段格式、字段长度、数据来源、统计粒度、统计周期、统计精度、代码编码规则等。管理属性用于管理和维护数据的生命周期。包括标准定义者、标准管理者、标准使用者、标准版本、使用系统和应用领域等。

为了规范地制定各类数据标准，需要提前制定有关数据标准规则。一般规则有数据分层标准、数据主题标准、指标定义标准、维度定义标准、数据命名规范、数据质量规范、数据权限规范等。

数据标准建设过程一般分为四个步骤。第一步是现状评估，主要是梳理国家已出台的标准、文化和旅游行业内已有标准，对于前期已完成的成果进行整理。这个环节最重要的是开展业务访谈和系统调研，根据标准建设的需要，对有关司局和单位进行调研。需要考虑现有定义、使用习惯、问题梳理、现状分析、参考文档等。可以通过调查问卷、安排现场访谈、收集文档资料等手段，针对不同的业务系统选用合适的调研方式，对现有定义、使用习惯、数据分布、数据流向、业务规则、服务部门等开展相关调研工作。最后根据以上各方面工作进展，对业务现状进行分析、诊断，提出标准制定的方向、重点和主要内容等。

第二步是定义标准。根据以上调研评估成果，形成标准化定义初稿，对数据标准的主题、信息大类、信息小类、信息项、数据类型、数据长度、数据定义、数据规则等进行规划设计。在方法论指导下，完成数据标准设计和定义工作，包括数据业务描述定义（业务属性）、类型长度定义（技术属性）、其他标准信息定义。

第三步是映射标准。首先确定数据标准映射的系统范围，要明确需要映射内容的系统范围、应用领域、数据库表、数据字典、数据字段等。将已定义的数据标准与业务系统、业务应用进行映射，表明标准和现状的关系以及可能影响到的应用。再制定映射规则，最后根据数据验证映射规则。

第四步是执行标准。执行原则的确定要充分考虑业务需求和实施难易程度，最大限度结合目标和现状，针对不同类型系统制定相应策略，并设定合理阶段性目标。从业务流程、业务系统、管理应用及数据平台等各方面提出数据标准执行的建议，同时要明确标准落地可能带来的各种影响，并对标准执行后与现状的实际差异给出具体的执行建议。

6.5 文化和旅游数据质量体系

数据质量的好坏直接决定着数据价值。文化和旅游数据具有数据量的不断增长、数据来源多样化等特点。要将数据质量管理作为数据治理的核心，建立统一的数据质量体系，确保数据的准确性、完整性、一致性和可靠性。

6.5.1 文化和旅游数据质量管理主要问题

一是数据量庞大。随着大数据时代的来临，文化和旅游各部门数量众多，通过信息化手段采集的数据量越来越庞大。如何有效地处理和分析这些数据，确保其质量和可靠性，是一项巨大的挑战。

二是数据来源多样化。一方面，各单位业务系统众多、结构复杂，产生数据类型多样，要做到统一标准化难度很大。另一方面，随着数字化转型的加速，数据来源越来越多样化，包括传感器、社交媒体、CRM 系统等。这使得数据的格式、结构和质量各不相同，增加了数据质量管理的难度。

三是数据质量问题隐蔽。许多数据质量问题较为隐蔽，难以被及时发现和解决。例如，数据的重复、遗漏或格式不正确等问题，可能会对分析结果造成影响。

四是数据质量与业务需求脱节。在各单位，数据质量和业务需求之间存在脱节现象。业务部门往往更关注业务目标的实现，重点放在自身业务系统运行安全稳定，而忽视数据质量的管理和维护。

文化和旅游数据质量问题表现在三个方面。

一是数据缺失。很多文化和旅游业务尚未实现数字化，导致数据空白；一部分业务仅从业务角度实现流程电子化，对于关键数据缺乏整理积累。需要进行系统改造、数据补充等工作。

二是数据获取困难。数据分布在多个系统，导致获取数据规则复杂。各业务部门对于数据需求越来越细、实时性要求更高，需求变动频繁。需要建立科学合理的数据集中共享机制。

三是数据质量差。有些数据系统中未录入、有些与事实不符，还有的连续性不够，中间出现空白，导致分析应用结果偏差较大。需要建立完善的质量检测、评估、预警和处理工作流程。

6.5.2　数据质量体系内容

完整的数据质量体系包括数据质量管理组织、管理流程、管理规则。

质量管理组织体系应该覆盖文化和旅游各级部门，在组织体系中设置数据质量管理员、业务管理员，对数据质量较为熟悉、经验丰富的人员可以授予质量专家和业务专家称号。

质量检测管理流程主要包括数据质量检测、数据质量评估和数据质量检测统计等。质量检测主要有数据准确性检查、完成性检查、相似及重复性检查、一致性检查、精确度检查、合理性检查和有效性检查等。

数据质量管理要覆盖数据全生命周期，包括采集、存储、加工、开发、发布、应用、运营和销毁。通过质量检查、评估、预警和处理等环节，对数据质量进行控制。

要实现规范化、自动化的数据质量检查，就要制定明确的、标准的质量检测规则，一般分为技术监测规则和业务监测规则。要加强数据质量问题的管理，长时间跟踪数据质量问题，强化分析研判，形成分析报告，建立数据质量知识库。

6.6 文化和旅游数据资产体系

随着数字化不断深入，数据已经成为驱动经济社会发展的新生产要素。数据资产是指以数据为载体和表现形式，能够持续发挥作用并且带来经济效益的数字化资源。文化和旅游各类数据和数字化资源作为基础资源和生产要素，能够为文化和旅游各单位带来潜在或者实际价值，已获得广泛认可，并已被文化和旅游各部门、各单位视为重要资产。

2019 年 10 月，党的十九届四中全会审议并通过了《中共中央关于坚持和完善中国特色社会主义制度 推进国家治理体系和治理能力现代化若干重大问题的决定》，首次将数据作为生产要素参与分配，标志着我国进入"数字经济"红利大规模释放的新时代，数据作为生产要素的价值，体现在投入、产出和分配各个阶段。2022 年 12 月出台了《中共中央 国务院关于构建数据基础制度更好发挥数据要素作用的意见》，即"数据 20 条"，用于数据资产的定义与规范。财政部 2023 年 8 月印发《企业数据资源相关会计处理暂行规定》，并将于 2024 年 1 月 1 日起施行，为企业数据资源入表提供了基本指引。在大数据时代，文化和旅游管理部门要树立"数据即资产"的理念，把构建自身拥有的文化和旅游数据资产，作为自己的核心竞争力。文化和旅游部应通过顶层设计，加强指导，推动建设统一的文化和旅游数据资产体系，不断完善文化和旅游数据资产交易体系。

6.6.1 文化和旅游数据资产的形成及分类

文化和旅游管理部门在数字化转型过程中，一般经历三个阶段，包括业务数据化、数据业务化和业务智能化。在每个阶段都会获取大量数据，这些数据组成了数据资产。

（一）资产的形成

（1）在业务数据化阶段，文化和旅游管理部门利用物联网、云计算、大数据、人工智能等新一代数字技术，构建一个全感知、全场景、全智能的数字世界，将现实世界中的业务场景、业务模式和业务流程，在数字世界中精准映射。在这个过程中能够产生文化和旅游管理部门未经过规模化归集、处理和分析的流程化数据。尚未形成可行和深入应用模式，仅是数字资产的初级阶段。

（2）在数据业务化阶段，通过对业务系统中获取的数据进行二次分析，进而找到业务中的规律，让数据反哺业务，用数据驱动各业务发展，优化业务经营效能，最大化释放数据价值。这一阶段可将以往信息化改造过程中累积下来的各类数据通过采购成熟的算法工具或自主研发的方式，不断地将数据分析成果融入管理服务各过程中，通过数据分析发现问题、发现规律、发现机会，用数据优化业务组合、业务流程、经营模式，实现持续运营、持续创新、持续发展。

数据业务化的重点在"业务"二字，表面意思即将数据处理变成一项业务，将数据产品化、商业化、价值化，且建立专门的团队进行运营和推广。

（3）在业务智能化阶段，在数据产品化基础上，通过将大数据与人工智能技术融为一体，帮助文化和旅游管理部门改善运行、优化效果，从根本上改变文化和旅游管理部门运行和服务模式。通过文字、图片、视频及软件或设备获取的信息，利用数字化技术和算法模型进行归类、分析及应用展示，基于大数据对已发生的数据进行处理，达到构建当下最佳的服务乃至预测即将发生的需求。文化和旅游管理部门通过数据的沉淀不断优化自身数据算法，围绕服务产品设计与研发、运行管理与赋能、服务模式优化与品质保障、服务渠道与赋能及客户智能服务等多个能力构建智能化决策能力。

文化和旅游产业方面，文化和旅游企业还通过挖掘数据的商业价值，形成价值共享、高效协同的方式赋能产业链及商业协同网络的终端，通过数字化运营与智能化决策构建价值增量，进而推动文化和旅游产业发展。

在数据业务化和业务智能化阶段，文化和旅游原始数据经过必要的加工处理形成了有价值的、可被利用的数据资源，成为资源性数据资产，为进一步转化为可流通的数据产品提供资源储备（图6-5）。

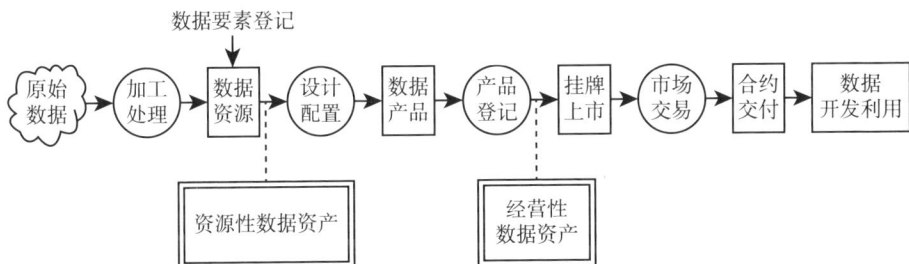

数据要素登记

原始数据 → 加工处理 → 数据资源 → 设计配置 → 数据产品 → 产品登记 → 挂牌上市 → 市场交易 → 合约交付 → 数据开发利用

资源性数据资产

经营性数据资产

图6-5 数据价值链：从原始数据、数据资源到数据资产

（二）资产的分类

数据产品是指作为产品的数据集，或者是从数据集中衍生出来的信息服务。合规合法的数据产品可挂牌上市流通，成为企业的经营性数据资产。买卖双方达成交易意向并正式签署交易合约后，交易系统记录相应的交易合约和交易结果，数据产品通过流通市场进入需方的使用环节。

文化和旅游数据资产可以分为资源性数据资产和经营性数据资产。

（1）数据资源在尚未进入流通市场之前被称为资源性数据资产。资源性资产一般是指以当前技术经济条件可以进行开发利用，并能带来一定经济价值的资源。资源性资产可以确权，也具有潜在价值（或开发期望价值）。因此，数据资源持有者需要重点关注如何将数据从产生环境中独立出来，并且有效率地收集、存储数据，不断提升数据规模和数据质量以提升数据资源的内在价值，为进一步的价值创造和要素流通打下基础。

（2）经营性资产是指在生产和流通中能够为社会提供商品或劳务的资产，一般是指文化和旅游管理部门因收益目的而持有且实际也具有收益能力的资产。在数据价值链中，经营性数据资产是指被产品化以后的、可以直接在市场上作为"商品"流通的数据资产。此时，持有经营性数据资产的企业可以通过场内市场或场外市场进行流通交易或共享，不仅可实现资产的变现，也可以基于市场机制来发现经营性数据资产的公允价格，从而为数据资产的短期和长期价值评估提供依据。

由此可见，资源性数据资产与经营性数据资产属于同一数据"物体"源的两个不同层级。资源性数据资产是数据资产低层级的形态，经营性数据资产是数据资产高层级的形态。资源性数据资产能够转化为经营性数据资产，但并不是所有的资源性资产均可以转化为经营性资产。

6.6.2　文化和旅游数据资产的价值评估和交易

为了有效衡量文化和旅游数据资产价值，文化和旅游管理部门可以从使用功能角度对数据资产类型进行划分，并根据不同数据资产类型采用不同的价值衡量方式。一般来说，数据资产可以分为原始类数据资产、过程类数据资产、应用类数据资产。其中，原始类数据资产是指通过外部或内部采集得到的数据，可以为后续数据加工提供基础；过程类数据资产是指对原始类数据资产进行清洗初步汇总后得到的数据，可以为数据进一步开发和应用提供准备；应用类数据资产是指以过程类数据资产为基础，面向实际需求，通过数据挖掘技术得到的个性化数据，这类数据资产可以直接支持业务部门开展工作，提高其收益。

数据资产与传统资产不同，数据资产具有无形性、流动性、长期性等特点，且使用者不同时间段的使用目的可能完全不同，因此数据资产作为一个全新的资产类别，在交易过程中对于其价值评估的方式完全不同。目前主流较为认可的有三种数据资产价值衡量方法。

（1）成本法，即考虑数据资产的成本对数据资产价值进行衡量。数据资产的成本价值是指在数据资产全生命周期中，即在数据的产生、获得、保存、交换与销毁各阶段产生的直接成本和间接成本所对应的价值。数据资产成本价值包括建设成本、运维成本、管理成本3项子指标，每项子指标包含若干个下一级指标。其中建设成本包括因数据规划、数据采集、数据核验、数据标识产生的成本；运维成本包括因数据储存、数据整合、知识发现、数据维护、设备折旧产生成本；管理成本包括人力成本、间接成本、服务外包成本。

（2）收益法，即考虑数据资产的收益对数据资产价值进行衡量。数据资产的收益价值是指数据资产持续经营所产生的潜在价值。数据资产指标的价值一级指标包括数据形式、数据内容、数据绩效3项子指标，每项子指标包含若干个下一级指标。其中，数据形式包括数据载体、数据规划、数据表达、数据描述；数据内容包括数据准确性、数据真实性、数据客观性、数据有效性、数据可靠性；数据绩效包括数据关联、数据特征、数据预期、数据应用、数据时效。

（3）市场法，即考虑数据资产的交易对数据资产价值进行衡量。数据资产的交易价值可参照同类数据资产的现行市场价格。市场法要落地，需要先找到参照资产，然后比较被评估数据资产和参照资产之间的差异性并加以量化，数据资产价值即在参照资产市场价格基础上剔除量化差异。

6.6.3　文化和旅游数据资产管理平台主要功能

要实现文化和旅游数据资产的采集、管理、生成及交易，应该采取构建统一服务平台方式，推动文化和旅游资产管理标准化、规范化、实用化。

首先要盘清数据资源家底。通过搭建全域数据分类管理框架，同步构建常态化的数据盘点机制，实现数据资源的全生命周期可视化管理，形成面向文化和旅游单位内、外统一的数据资产目录，提供标准化的数据服务，有效推进数据资源的共享和应用，为后续数据治理打好基础。数据资产盘点有数据资产定义、资产发现、资产梳理、资产目录构建和数据资产服务五个步骤。

在这五个步骤中，需要关注的工作内容有以下几点。

（1）元数据摸查：通过对接业务系统、数据湖或者数据仓库，采集元数据自动获取原始的数据字典及数据之间的关系，形成企业元数据地图。

（2）有效性资源标注：制定有效资源判断规则，基于采集的元数据，对全量数据资源进行自动识别，筛选出空表、备份表、临时表等无效资源，并补充辅助理解数据业务含义的信息，形成更完整、有效的资源元数据，为数据资产分类做铺垫。

（3）数据资产编目：按照业务条线、组织架构、数据特性等多个维度构建数据资产分类框架，基于元数据信息完善数据资产目录信息，补充与资产相关的业务、权属信息，形成面向数据消费者的数据资产门户。

（4）数据资产服务：建立数据资产目录与实体资源的映射关系，开发面向不同消费者的数据服务类型，满足业务系统、数据分析师、前台业务人员多样化的数据需求。数据资产管理平台建设应遵循"全局意识、业务为本、数据为核、分步演进、局部执行"为原则，围绕"1+4+N"模式来建设和开展，1个策略，保障数据资产管理职能落地实施；4大职能体系，以数据集成、数据治理、资产规划开发、资产运营四大管理职能为支撑；N项服务，服务N个数据增值应用和数字化应用场景。

（5）数据集成：实现文化和旅游管理部门中多源异构数据的采集，并进行有效的整合和开发，让数据实现更多的关联和碰撞，打破企业数据孤岛，产生更多有利于业务开展和创新的价值数据，确保数据资产的完整性。

（6）数据治理：构建统一可执行的标准，提升数据质量，发掘数据关系，建立数据认责和问责机制，治理后的标准化数据，才能融会贯通到不同的业务领域。

（7）资产规划开发：构建统一、规范的数据资产视角，合适的服务方式，是将数据向全业务条线推广的重要步骤，充分释放数据的巨大价值，使数据能够更好地反哺文化和旅游业务的发展。

（8）资产运营：推广高价值的数据，收集数据资产需求，不断完善、拓展整个数据资产体系，通过运营才能让数据精准有效、安全合规地被数据消费者使用，并充分体现数据资产价值。

6.7　文化和旅游数据安全体系

随着文化和旅游数据不断积累、汇聚和开发利用，如何提升数据资产价值同时让数据使用更安全，已成为必须研究的问题。近几年网络安全事件频发，具有商业特性的攻击事件越来越多，地下黑产对个人信息需求异常旺盛。随着横向网络安全法、等保2.0的合规性要求及纵向垂直行业安全要求的需要，对数据存储、使用、运营提出了明确要求，如何更好地对数据进行有效防护，保障数据全生命周期的安全性，需要我们重点加以研究讨论。

数据安全是一项复杂系统工程，既涉及技术又涉及组织协调，必须坚持系统思维，围绕数据全生命周期安全这一目标，构建数据安全治理体系框架，从组织架构、制度体系、技术工具和人员能力四个维度开展治理能力建设工作。

一是构建长效化组织架构。通过建立专门的数据安全组织，落实数据安全管理责任，确保数据安全相关工作能够持续稳定地贯彻执行。同时，因数据安全治理是一项多元化主体共同参与的复杂工作，所以明确的组织架构有助于划分各参与主体的数据安全权责边界，促进协同机制的建立，实现组织数据安全治理一盘棋。

二是制定完善的数据安全制度流程。数据安全制度流程一般会从业务数据安全需求、数据安全风险控制需要，以及法律法规合规性要求等几个方面进行梳理，最终确定数据安全防护的目标、管理策略及具体的规范、程序等。

数据安全管理制度文件可分为四个层面，一、二级文件作为上层的管理要求，应具备科学性、合理性、完备性及普适性。三、四级文件则是对上层管理要求的细化解读，用于指导具体业务场景的具体工作。

一级文件是由决策层明确的面向组织的数据安全管理方针、政策、目标及基本原则。

二级文件是由管理层根据一级文件制定的通用管理办法、制度及标准。

三级文件一般由管理层、执行层根据二级管理办法确定各业务、各环节的具体操作指南、规范。

四级文件属于辅助文件，是各项具体制度执行时产生的过程性文档，一般包括工作计划、申请表单、审核记录、日志文件、清单列表等内容。

三是建立覆盖数据全生命周期的安全技术体系。数据安全技术体系并非单一产品或平台的构建，而是覆盖数据全生命周期，结合企业或组织自身使用场景的体系建设。依照文化和旅游管理部门内部数据安全建设的方针总则，围绕数据全生命周期各阶段的安全要求，建立与制度流程相配套的技术和工具。每个单位安全技术体系与自身职能架构、数据特点相关，虽然各有不同，但都包括以下通用技术平台。

（1）数据分类分级相关工具平台：实现数据资产扫描梳理、数据分类分级打标和数据分类分级管理等功能。

（2）身份认证及访问控制相关工具平台：实现在数据全生命周期各环节中涉及的所有业务系统和管理平台的身份认证和权限管理。

（3）监控审计相关工具平台接入业务系统和管理平台：实现对数据安全风险的实时监控，并能进行统一审计。

（4）日志管理平台：收集并分析所有业务系统和管理平台的日志，并统一日志规范以支持后续的风险分析和审计等工作。

（5）安全及合规评估相关工具平台：主要用于综合评估数据安全现状和合规风险。

此外在整个数据全生命周期，可以通过组合或复用以下多种技术实现数据安全。

（1）敏感数据识别通过对采集的数据进行识别和梳理，发现其中的敏感数据，以便进行安全管理。

（2）备份与恢复技术是防止数据破坏、丢失的有效手段，用于保证数据可用性和完整性。

（3）数据加密相关工具平台通过提供常见的加密模块及密钥管理能力，落地数据的加密需求。

（4）数据脱敏是通过一定的规则对特定数据对象进行变形的一类技术，用于防止数据泄露和违规使用等。

（5）数据水印技术通过对数据进行处理使其承载特定信息，使得数据具备追溯数据版权所有者与分发对象等信息的能力。在数据处理过程中起到威慑及追责的作用。

（6）数据泄密防护技术通过终端防泄露技术、邮件防泄露技术、网络防泄露技术，防止敏感数据资产在违反安全策略规定的情况下流出。

（7）API 安全管理相关工具平台提供内部接口和外部接口的安全管控和监控审计能力，保障数据传输接口安全。

（8）数据删除是一种逻辑删除技术，为保证删除数据的不可恢复，一般会采取数据多次的覆写、清除等操作。

（9）介质销毁一般通过消磁机或者物理捣毁等方式对数据所在的介质进行物理销毁。

（10）隐私计算是指在加密数据的前提下实现数据分析计算的技术集合，可实现数据的可用不可见，从而满足隐私安全保护、价值转化及释放。

四是不断增强有关人员能力。数据安全治理离不开相应人员的具体执行，人员的技术能力、管理能力等都影响到数据安全策略的执行效果。因此，加强对数据安全人才的培养是数据安全治理的应有之义。根据岗位职责、人员角色，明确相应的能力要求，并从意识和能力两方面着手建立适配的数据安全能力培养机制。

（1）结合业务开展的实际场景、数据安全事件实际案例，通过数据安全事件宣导、数据安全事件场景还原、数据安全宣传海报、数据安全月活动等方式，定期为员工开展数据安全意识培训，纠正工作中的不良习惯，降低因意识不足带来的数据安全风险。

（2）构建组织内部的数据安全学习专区，营造培训环境，通过线上视频、线下授课相结合的方式，按计划、有主题地定期开展数据安全技能培训，夯实理论知识。通过开展数据安全攻防对抗等实战演练，将以教学为主的静态培训转为以实践为主的动态培训，提高人员参与积极性，有助于理论向实践转化，切实提高人员数据安全技能。

（3）为保障培训效果，形成人员能力培养的管理闭环，还需要结合能力考核的管理机制。通过结合人员角色及岗位职责，构建数据安全能力考核试题库，通过考核平台分发日常测验及各项考核内容，评估人员数据安全理论基础。同时将人员在实战演练中的实际操作能力作为重要考核指标，以综合评估数据安全人员能力水平。

第七章

数据驱动治理模式变革的方法论：文化和旅游行业监测管理

前面我们讨论了对数字化文化和旅游治理体系的总体设计、基础设施和支撑数据平台。以上工作主要作用是支撑保障，如何将这些新技术与具体业务结合，引领文化和旅游工作创新发展，实现信息化工作从支撑保障到引领创新需进行更深层次探讨。

在实践中出现了越来越多的部门建了数字化系统但对管理决策却没有帮助，数据不全面，决策效率低下，甚至出现数据的口径和准确性不一致。

以上问题是制约文化和旅游治理体系数字化的关键问题。主要原因有以下几个。

一是现有数字化发展阶段的制约。现有已建成的文化和旅游信息化系统建设是为服务文化和旅游各项业务开展的，大部分是将线下业务简单线上化，主要目的是固化流程、提高效率和采集数据。在数字化初期，各部门根据各自业务需求，独立建设信息系统，是数字化发展的必然阶段。在下一个阶段，通过统一规划建设的数据平台实现数据治理，根据文化和旅游工作战略目标和核心业务，建立支撑决策、衡量业务的指标体系，通过数字化行业监测才能真正贴近业务。

二是业务与技术的融合需要过程。在数字化转型中，业务与数字化技术的融合是个共性问题。在业务与技术融合的实践中，有两个方面误区。一方面，认为搞数字化就是建系统、建平台，把数字化简单等同于数字化基建。搞数字化不从业务出发，而仅从基建出发。结果花高价钱做出来的平台几乎没人使用，这容易导致数字化建设流产。另一方面，数字化建设没有前瞻性和引导性，由于业务部门都比较强势，技术部门退变为守机房、看系统和保安全。数字化技术部门应该扮演业务启发者的角色，主动作为推动业务数字化转型。而业务数字化转型的关键就是数据驱动监测管理体系。

因此，通过数据来驱动精细化文旅行业管理和科学决策是构建新时代的数字化文化和旅游治理体系的核心目标，构建数据驱动的行业监测管理体系意味着文化和旅游管理部门将产生一系列深刻的管理模式变革。

7.1　文化和旅游行业管理的数字化变革

7.1.1　文化和旅游行业管理面临的问题

（1）数字化基础整体落后且发展不平衡。文化和旅游工作长期以来面临投入较少的问题，在数字化基础方面尚未完成主要业务方向的信息化，部分工作数据采集依靠下级单位上报方式，大量行业运行数据没有数据化。一方面整体投入较少，导致信息化工作经费保障不足；另一方面，业务部门管理模式陈旧，需求不紧迫，导致信息系统建设空白。此外，业务条线之间信息化水平不均衡，如文化和旅游市场领域需求旺盛，信息化投入较大，已建成统一平台；而艺术、公共文化等领域尚没有统一平台，行业运行数据没有实现采集。

长期以来，信息化部门话语权较弱，提不出合理统一的数字化方案，争取不到资源来加强数字化基建，决策层将数字化部门单纯理解为支撑保障部门，也是整体信息化水平较低、发展不平衡的原因。

（2）数字化管理意识淡薄。行业管理是一个系统工程，行业管理文件和政策的出台需要数据驱动的客观决策支撑。由于行业运行数据没有全面掌握，缺乏科学的分析，导致拍脑袋决策时有发生。特别是行业运行瞬息万变，各类突发事件、新兴事物层出不穷，当管理模式需要根据变化调整时更需要宏观层面的科学决策。

（3）数字化缺位下经验主义的行业监管与服务。行业监管和服务重在日常、重在精准，应该从粗放模式转向按需服务、精准监管。在科技迅猛发展的当今社会，应摒弃经验主义，采用创新型监管模式，提升工作效率。

7.1.2　数字化监测将引领文化和旅游治理模式变革

数字化监测管理新模式将利用现代信息技术，以数据为核心，聚焦行业管理决策、监管等环节，通过机制创新，形成及时精准、切实有效、适应现有行业需求的监管、决策和服务工作模式。

数字技术是文化和旅游治理体系数字化转型的引擎，数字化转型方法论指导文化和旅游管理部门进行组织、制度、流程变革，提供软性保障。技术与方法论互相支撑、共同促进，形成双轮驱动效应，通过持续创新和实践，形成数字化监测管理新模式，推动传统治理模式变革。

数字化监测将从以下方面来引领治理模式变革。

一是支撑文化和旅游行业战略目标实现。通过数字化监测分析工作，将党中央、国务院有关文化和旅游的战略目标和"十五五"规划，转化为衡量目标达成情况的战略指标，并将战略指标层层拆解到可落地的业务指标，形成指标体系骨架，支撑从战略制定到执行的闭环。

二是支撑科学决策管理。通过数字化监测，实现对于行业运行态势及时、准确掌握。文化和旅游管理部门将掌握第一手数据和科学化分析成果，作为决策指引。数字化监测将原来以经验驱动的人治管理决策体系，跃迁至以数据驱动的科学管理决策体系；以监测成果为协同依据，从原来自上而下的单向协同体系，跃迁至以目标共识和过程双赢为导向的协同体系。

三是指导行业各门类数字化管理。运行监测分析是文化和旅游各门类各对象的数字孪生，是管理成果的度量和反馈。通过运行监测和数据分析，帮助文化和旅游管理部门发现业务问题，并做出基于事实和数据的决策，而不仅仅依靠主观判断或经验。此外，通过多种技术监测手段，对文化和旅游工作领域各要素，如服务对象、文旅产品、服务部门等实现深度的数字化刻画、洞察和预测，从而更好地调动各个业务对象的潜能来实现业务目标。

四是牵引文化和旅游行业数字化建设。以指标体系为框架的监测数据是数字化技术基建的直接成果，反过来也是衡量数字技术基建水平的十分重要的工具。一个良好的数字化底座，将工作过程中产生的所有数据进行有效的记录，最终输出为可供领导决策和业务监管服务的各种指标，监测数据和分析就是数字化技术基建对外赋能的一个载体和方式。

7.2　文化和旅游行业监测的主要思路

文化和旅游工作点多面广，通过技术手段监测全国业务运行，对各级文化和旅游管理部门来说是一个巨大的挑战。监测理论是行动的先导，要做好行业监测，先要搞清楚什么是监测，监测对象是谁，用什么手段监测，监测结果怎么用。

7.2.1　互联网企业数据监测分析的借鉴意义

经营数据监测分析是每个企业在日常经营管理中开展的一项常态化工作，传统的数据监测分析是业务部门统计各项经营数据，通过数据上报、汇总，由企业管理者或者相关部门进行分析，从而形成指导经营的决策。随着数字经济不断发展，互联网应用不断涌现，以互联网应用开发运营为核心的互联网公司不断壮大。这些互联网应用通过网络为用户服务，与传统的商业模式相比，服务商与用户在线上发生联系，用户所有行为实现了数据化，因此数据监测分析成为互联网企业开展日常业务和经营管理的主要依据和手段。

与传统企业相比，数据监测分析是互联网企业核心业务，互联网企业为数据监测分析建设统一技术平台，成立专门业务部门，并根据自身业务特点，形成一系列衡量业务运行、辅助决策和开展业务的指标体系。随着全社会互联网化进程不断加快，逐渐形成了一整套数据监测分析的方法论。近几年，随着传统业务互联网化，各类企业的经营面临着多浪叠加的经营模式变迁，传统企业纷纷启动了数字化转型工作，传统企业通过学习一系列数据监测分析，不断丰富数字化经营理论。目前，数据监测分析突出指标体系建设，突出贴近业务，突出大数据智慧化，值得文化和旅游行业监测工作认真学习借鉴。

7.2.2 厘清统计、测算和监测的区别

对于数据获取一般有统计、测算和监测三种手段。统计是依据统计法，通过抽样、上报等方式取得的总结型数据，具有准确性高，统计时间长等特点。测算是通过抽样、手机信令等手段，以数学、统计学方法构建模型并进行测量计算，适用于出游人数等不可准确统计的对象。监测是通过信息化手段，综合利用上报数据、系统对接、新技术监测等方式，对运行情况进行掌握，维度更广，包括数据、视频等，监测的数据精度位于统计、上报和测算两者之间，具有实时性高、综合性强等特点，缺点是实施成本高，数据覆盖面不够广。文旅行业注重对人流、消费等数据的掌握，从而指导政策制定、日常管理和应急处置，而这些数据无法通过上报等方式进行获取，或者获取成本过高，通过技术手段进行监测更为适合。此外，监测与统计相比，更注重为调度指挥提供依据，更注重与业务结合。从环保、气象等行业来看，在现代信息技术条件下，通过技术手段进行行业管理，主要方式是监测。

7.2.3 注重一体化

由于文化和旅游行业特点，在开展行业监测时，一方面要注重统一性和一体化，即基础数据平台等信息化基础设施要统一规划、统一建设，不能搞独立建设导致资源浪费和数据孤岛。另一方面要形成一套具有指导文化和旅游行业的监测方法论。

要统筹建设国家省两级综合监测平台。一是覆盖范围要全面。原则是立足文化和旅游全行业，文旅工作开展到哪里，监测边界就到哪里。数据来源要综合，各部门建设的系统数据、开展工作产生的报表都需涉及。监测维度要多样，不但要有视频，还有数据。二是掌握面上的情况，监测面上的数据。选取最具代表性的指标，不局限于特定领域或某一项具体工作，有利于节约建设成本，并与各业务司局系统形成分工。三是监测对象要综合。打破各行业管理部门和各业务条线限制，形成统一监测体系，综合文化、旅游各业态、要素，实现以省重点旅游城市为骨干的旅游目的地综合监测。

7.2.4 要突出重点、循序渐进

数字化行业监测管理工作是一项长期复杂的工程，不可能一蹴而就。行业监测需要业务管理部门、技术部门通力合作，需要监测对象大力配合及大量信息化投资。要制定科学合理、兼顾长期短期效果、务实可行的实施方案应注意以下几点。

一是突出重点。把握文化和旅游工作特点，在时间维度上突出社会关注度高的假日时期，在监测对象上突出旅游景区、博物馆等重点场所。首先在重点时间重点领域的监测上入手，尽快形成切实可行的数据采集模式，尽快凸显数字化监测效能，从而得到关注和资源投入。形成数字化工作正反馈后，再从点到面，向文化和旅游行业各要素扩展，逐步实现全面综合监测。

二是突出实用。在由点到面的基础上，文旅行业各要素特点不同，监管对象主体也不同，要坚持因地制宜、分类施策，根据监测对象不同特点，结合现有技术水平和经费投入，围绕业务部门需求，坚持小切口大纵深，力求解决一到两个突出问题，形成好用管用的技术监管工作模式。不能抛开业务部门需求，盲目追求大而全，不但会造成浪费，还会挫伤各部门信心。

三是合理选择技术。行业监测管理的基础是数据，但文旅行业运行数据采集在短期内实现，需要投入大量人力物力成本，不太现实。此外，数据采集还面临政府管理限制、个人信息过度采集等问题，在实践中，监管对象因文旅部门采集数据涉及商业秘密普遍较为抗拒。因此，监测技术选择要有策略。在交通、公安等先进行业，行业技术监测都是从视频监测开始。首先视频监测可以直观看到实时画面，监测效果较好，可以短期内看到监测效果。其次，视频数据标准化程度较高且较为普及。公安部一直推动国家视频监测标准制定，社会各单位由于安保需求，均部署了视频监控系统，这为各行业视频联网监测打下基础。

基于以上三点考虑，目前文化和旅游行业监测把握三个重点，即把假日监测作为重点时期，把景区、博物馆等重点场所作为重点要素，把视频监测作为重点手段，形成各级领导和部门假日监测调度的工作模式，并逐步向全要素、全场景和全手段扩展。

7.3 建立文化和旅游行业监测分析指标体系

以指标体系为基础，重新梳理调整数据，实现对行业内各业务条线运行、管理逻辑的数字孪生。通过构建监测分析指标体系，实现文化和旅游行业管理逻辑的模拟和拆解。通过对指标数据的监测和分析，实现文化和旅游行业精准、科学的监管。由于文化和旅游行业业务类型数量多，每个业务都应根据自身逻辑，建立独立指标体系，但这里不讨论具体业务指标体系。我们借鉴互联网行业正在使用的数据监测分析经验，从指标设定、指标体系建设的普遍规律和方法论角度，力求对本行业各业务精准科学监测提供参考。

指标是一种抽象定义的数值，用于度量一个对象的特定维度的数量特征。在行业运行监测工作中，指标是业务对象的数字孪生和管理活动的度量。比如，GDP 就是一个指标，用于度量一个国家或地区所有常住单位在一定时期内生产活动的最终成果。指标是凝结了业务逻辑的数据，一般由对象、维度、限定、值 4 个元素组成。相互关联的多个指标，按照一定的逻辑关联起来，构成指标体系。

文化和旅游行业指标体系可以分为三个层次，一是根据文化和旅游工作各业务特点，制定独立指标，建立各自的指标体系，用于衡量业务运行情况，快速分析定位业务问题。工作上由各业务管理单位根据职能各自建立；二是在各自业务指标体系基础上，从文化和旅游整体出发，建立文化和旅游工作全局框架，通过指标标准化工作，实现指标体系和数据整合；三是根据党中央、国务院对文化和旅游的重大战略性要求，如文化强国建设、"十五五"规划，从全国经济社会全局考虑，率先制定战略性指标体系，再通过指标分解，形成各业务单位需要达成的业务指标，支撑重大战略目标的落地。

7.3.1 文化和旅游领域具体业务运行管理指标体系

文化和旅游工作主要是面向人民群众的服务性行业，主要包括文化和旅游市场管理、执法监管、艺术创作、文物保护、公共服务等。以数据驱动的治理模式创新，需要建立各自的运行监测管理指标体系。不同的行业单元都包括很多具体业务，比如市场管理工作中包括旅行社管理、艺术品、娱乐演出等。要在全国层面建立一个领域的全面指标体系，是长期细致的工作，可以由点到面，通过以省为单位试点，根据业务工作需求和数据采集难易程度，科学制定方案，逐步建立。

通过调研，梳理收集可以衡量某项业务运行的指标，如已有业务系统的可从系统数据层面结合业务逻辑进行分析梳理，也可从工作总结汇报、行业专家咨询等方式选取体现该领域特点的指标。行业管理部门通过建立本领域指标，首先形成该领域标准化的运行指标，准确、全面、及时监控该领域业务发展状况，量化业务发展水平。遇到突发事件，可以及时了解业务进展，采取措施。其次通过对核心指标（北极星指标）进行拆解、下钻，快速定位业务问题，及时采取措施进行处理。此外，在具体政策措施实施中，可以根据指标数据变化，评估工作成效，及时优化实施细节，做到科学、精准。最后以指标为牵引，实现本领域数据标准化，减少多头申报、重复报送汇总，提高数据利用率和分析效率，提高整体工作效率。

7.3.2　建立文化和旅游全局框架指标体系

文化和旅游各领域监测管理指标体系建立的同时，还存在一些问题。首先各领域涉及很多共性的指标，比如游客接待量和人流量、财务数据等，这些共性指标在不同领域定义、统计口径又有区别，将出现同一个指标不同部门各自解释，造成数据打架问题。需要从文化和旅游工作全局对共性指标定义、统计口径等进行规范。其次，文化和旅游各领域虽然业务独立，但工作范围有交叉，各业务之间联系紧密，互相影响，需要从全局统筹设计指标体系，坚持系统性思维，从文化和旅游整体逻辑这一新的更高维度来设计指标、谋划监测，才能使业务管理工作更加科学。最后，指标体系需要数字化系统进行支持，而数字化系统一般为统一规划建设，很多共性功能需要各领域共用，如舆情监测、流量监测等，从而减少经费投入，集约化开展建设。

文化和旅游全局性框架应该由文化和旅游部信息化部门统筹建设，首先，要坚持全面性，即各主要业务领域均要覆盖。其次，要站在宏观层面考虑，根据文化和旅游行业特点，突出人民群众满意度、运行安全等重点关注问题。最后，要注重引领带动，既要通过自下而上梳理采集各领域指标，又要通过共性指标规范数字化监测工作。

第一步，确定文化和旅游北极星指标体系，由文化和旅游部党组提出战略目标和年度目标，参考成熟化的设计模型，选择出反映文化和旅游工作开展的指标。北极星指标体系作为最高决策依据，达到可以通过指标分析，掌握整体运行情况，在某些工作时间、经费有所冲突时，可以判断出优先级，从而提高效率。

第二步，进行指标拆解。将北极星指标层层拆解为更为底层的业务指标，通过自上而下、自下而上两种路径，形成纵向有支撑、横向有业务联系的指标体系。一般可以将指标分为四级，一级对应的是战略驱动型的北极星指标。二级是文化和旅游各主要领域直接承接北极星指标的部级指标，这些指标很多具有跨部门特点，由部级技术部门与业务部门共同确定。三级是文化和旅游各领域部门级指标，由各业务部门确定。主要是承接二级指标。四级是过程指标。一般由各业务部门内各业务条线承接。其中一、二级组成部级监测管理工作内容，三、四级由各业务系统承接。

指标拆解是业务逻辑的模拟和完善，一方面业务运行本身就可以根据逻辑进行模拟和监测，另一方面某些具体业务并没有现成的指标可以反映，或者上级下级之间没有必要联系，而这些对于业务的思考和实践，本身就是业务管理的进步。当然，北极星指标拆解已有很多成熟的方法，比如从定义出发拆解、按维度拆解、按照计算公式拆解和根据模型进行拆解，这里不展开介绍。我们可以参考以上方法，根据自身业务特点，灵活采用一种或者多种方法进行拆解。

第三步，确定过程指标。通过前两步，我们可以建立全面基本的指标框架。通过将北极星指标拆解为业务目标，是文化和旅游管理部门主动规划和制定的，而基层工作人员、管理服务对象在进行互动时，需要采取一系列措施，推动管理目标的实现，这些措施需要重点监测，只有措施到位，目标才能落地。因此，过程指标是落实工作目标的最后一步，也是最重要的一环。比如，提升旅游景区智慧化水平是目标，而标准化评估是措施。衡量这个措施有效性的就是评估成果。

过程指标设计通常采用 OSM 模型，其中 O 代表业务目标（Object），S 代表实现目标的业务策略（Strategy），M 代表衡量业务策略是否有效的指标（Measure）。

OSM 模型的第一步是明确目标，目标一般产生于指标拆解，还有一些指标基于监测中遇到的实际问题。比如数据监控到数值异常，环比上周同期下降了 20%，那么目标就是恢复原有状态。确定目标后，基于对业务的理解制定有效的业务策略及衡量策略有效性的过程指标。总之，使用 OSM 模型制定过程指标一般分为五步，即指标拆解、业务梳理、形成业务目标、制定业务措施、形成过程指标。

7.3.3　文化和旅游战略性指标体系

通过建立具体业务运行管理指标体系和全局框架指标体系，将在各级文化和旅游管理部门中初步形成数据驱动科学管理的新模式。文化和旅游作为我国经济社会发展全局的重要工作，党中央、国务院对文化和旅游行业发展提出一系列战略性任务，这些任务的落实有些是文化和旅游管理部门牵头，需要其他行业配合实施；这就需要我们在更高层面、更大范围上制定指标体系，用于推进落实和评估进度。具体方法与文化和旅游全局性框架指标体系建设雷同，首先制定衡量业务发展的北极星指标体系，再通过层层分解，明确承担各任务分工的部门指标，最后落实到过程指标上。通过建立战略性指标体系，我们可以在较长时间、较大范畴里监测、评估和引领文化和旅游战略性工作开展。

7.4 文化和旅游行业数据采集

依据文化和旅游监测指标体系，及时准确采集行业各要素运行数据是开展监测管理的前提和基础。在各级文化和旅游管理部门工作中，行业运行数据类型不清、采集困难、时效性不强等问题日益突出，已经成为制约行业管理精准化、科学化的关键问题。

在互联网行业中，由于用户使用的是 WEB 应用系统、App 等系统，用户的所有信息理论上都可以通过软件进行采集，因此数据采集工作主要通过数据埋点来实现。数据埋点是通过一系列代码采集用户的操作行为的数据，供给数据分析部门进行分析以指导业务决策的动作。

在文化和旅游行业数据采集就比较复杂。一方面文化和旅游行业仅一部分实现全面线上化，绝大部分为线下服务，导致数据通过埋点方式获取较为困难；另一方面行业监测作为管理手段，面临一系列政策约束；从企业隐私考虑，监测对象对数据采集积极性不高。要破解这个老大难问题，需要我们从数据类型、采集手段、促进措施等方面认真研究。

7.4.1 采集数据类型

通过构建指标体系，数据采集将更有针对性，按图索骥的方式有助于破解数据采集范围过大等问题。文化和旅游行业数据种类众多、数量庞大，从数据权属角度可以分为三类：一是文化和旅游管理部门履职过程中产生的数据。包括准入审批、执法检查等数据。二是监测对象日常工作中产生的数据。包括文旅企业经营性数据、接待量等。三是通过技术手段采集的可用于管理工作的数据。包括移动信令、互联网数据监测等。

从采集手段可分为三种：一是各政务服务系统产生的各类数据，除了审批管理类数据外，还有政府部门开发的为群众服务的 WEB、App 中数据，这类数据可以通过埋点方式获取用户行为，在未来具有很大采集分析潜力。二是通过上报获取的数据。文化和旅游各级部门要求监测对象上报具有一定格式的运行数据，这是目前最普遍的工作方式。三是通过技术手段向社会采集的数据，如面向互联网的舆情数据、点评数据等。这也是目前技术监测的主要手段。

7.4.2　文化和旅游行业数据采集的难点

目前文化和旅游行业数据采集面临三个方面难点：一是数据种类数量少。有的文化和旅游行业运行情况没有数据化，处于无法用数据衡量监测阶段。完成数据化的部分业务数字化程度较低，以文字材料、表格上报为主。二是对象不配合。有的对象本身未掌握业务运行数据，无法提供。有的对象从商业秘密、企业隐私等方面考虑，不愿意提供数据。有的对象自身存在问题，害怕数据提供后受到处理。三是数据采集方式、范围不够精准。有些数据采集范围过大，出现采而不用，导致人力物力浪费。有些数据采集涉及隐私，且没有法律依据，导致工作开展阻力较大，存在安全隐患。

7.4.3　原因及对策

分析以上难点，主要有以下原因：一是文化和旅游行业整体数字化水平较低，需要加强顶层设计，统筹分步推动各项工作数字化转型；二是数据采集工作缺乏整体统筹，在政策制定、财政支持、信息化建设等方面各自为政，未形成合力。

要破解文化和旅游行业监测数据获取难的问题需要出台正确策略长期推动，笔者结合自身工作提出以下建议。

一是将文化和旅游行业数据采集作为推动行业管理方式创新的核心抓手，强化顶层设计和工作统筹，发挥政策、资金、标准和数字化技术等各方面作用，综合施策、多措并举。比如，在政策制定、评比达标中明确文化和旅游管理部门数据采集要求；树立"经费换数据"理念，把经费支持、重大项目实施中数据采集作为衡量经费使用效能的重要标准。

二是加快推动文化和旅游行业管理数据化、数字化进程。根据业务需求，实施一批重点领域管理信息系统建设。开展重点领域数字化专项监测，比如对文化演出、文艺院团、文博单位进行全要素运行监测试点。统筹建设一批为群众服务的数字化公共服务平台，比如全国范围内文化和旅游场所售票、预约、线上文艺点播等，在提供公共服务的同时，通过数据埋点方式获取用户操作数据，为公共服务精准化提供支撑。

三是加强文化和旅游管理部门内部平台整合和数据治理。整合现有各项业务系统，建设文化和旅游数据基础数据平台。实施数据治理，提升数据采集规范化、标准化水平。

7.5 构建行业监测分析模型

建立文化和旅游行业监测指标体系，依据指标需求采集相关数据，在以上工作基础上，要真正达到监测行业运行、支持管理决策等目标，构建业务分析模型是重要步骤。通过监测分析模型，业务部门可以对行业运行情况科学监测分析，并对出台的文件、管理措施进行优化，甚至预测未来业务发展。

一是准确描述业务运行情况。建立描述业务运行的多维度、全面指标体系，实现用数据描述业务的表现。在数据基础上，建立业务监控体系，当主指标出现异常的时候，可以沿着业务流程回溯，找出出现问题的环节。通过问题的发现理顺责任，为干预解决业务运行问题提供依据。

需要注意的是，运行情况不等于问题，将现状与标准对照才能呈现问题。因此只有标准单一且明确的时候才能直接看出问题来。如果标准本身很复杂，则需要更进一步的手段验证。

二是准确分析业务运行问题。如果判断一个指标好坏的标准只有一个，是不需要模型的，直接看单指标是否达标就可以。但业务中出现的问题往往是多个因素共同作用，通过多个指标共同判断业务是否出现问题，并对问题进行分类。当指标超过 2 个，就需要一套综合评估的办法，即为"问题分析模型"。

如果判断业务好坏需要 2 个标准，且这两个标准相关度低，这时候可以用矩阵模型来进行分类。常见的有重要紧急矩阵、波士顿矩阵、质量 / 数量矩阵等。如果判断标准增加到 3 个以上，判断标准相互交叉情况太多，再用肉眼观察就很难做出判断，这时候可以用 DEA 方法或者 AHP 来判断。

三是科学优化业务管理。业务优化模型，即在投入、产出水平受资源限制情况下，寻找最优配置的分析模型。比如在预算约束下，进行最优任务分配。最常见的就是解线性规划，在工作调配的时候用得非常多。

四是预测未来业务发展。业务预测模型，即基于过往数据，预测业务走势。所有预测的基本假设，都是未来发生的规律和过去一样，过去的场景会在未来重现。所以业务做预测的时候，常常会假设一些业务参数是固定的，然后推测未来情况。在一些发展稳定的行业里，这些假设常常很准。但注意，有三种情况下假设可能失效。（1）新业务、新场景导致无历史数据可参照。（2）突发且情况不明，导致所有转化率都异常。（3）业务运作出现明显问题，已无法按正常走势反推。此时，建议多进行测试，获取可靠的参数，而不是盲目预测。

7.6 文化和旅游管理部门的眼睛：视频监测

之前，我们就构建文化和旅游行业运行监测体系进行了讨论，主要围绕数据驱动的监测体系核心要素，如指标体系、数据采集、分析模型等。文化和旅游行业监测对象类型多、数量大、标准化和数字化程度相对较低，要实现文化和旅游领域全面运行监测是一项长期坚持的工作，需要根据监测对象特点和工作需求，采取不同的监测手段和策略，做到分类施策、综合监测。

下面，我们就文化和旅游行业监测工作中具体落地策略、主要手段进行讨论。视频监测、互联网大数据监测等是我们立足现有条件、主动作为开展行业监测的抓手和突破口。利用这些手段，主动对接业务部门需求，把具体应用场景作为小切口，力求从解决小问题开始，不断做深做细，扩展应用范围，为行业管理赋能增效，力求打造示范性典型应用。这就是文化和旅游行业运行监测工作开展的"小切口大纵深"策略。

文化和旅游行业视频监测是指文化和旅游管理部门根据行业管理需求，将原本各个文化和旅游场所分散的监控资源，如旅游景区、图书馆、博物馆、文博单位等，通过跨区域联网整合成统一视频资源平台，实现实时调取和视频智能化监测分析预警，为指挥调度、日常检查等管理工作提供技术支撑。形象地说，视频监测是文化和旅游管理部门的眼睛。

7.6.1 行业技术监测的开端

2010 年，文化部启动了文化市场技术监管与服务平台建设，开展了网吧视频联网。2016 年国家旅游局全国 5A 级旅游景区视频联网开始，因此视频是开展文旅行业监测的第一步。我们发现，不仅仅是文化和旅游行业，视频可以说是每个行业监测的开端。主要有几个原因。

首先，视频是目前最标准的监测手段。视频监控首先应用于公共安全领域，近十几年来，公安部门根据自身需求，大力推动公共视频监控部署、联网和应用，出台一系列公共视频监控标准，并大力推广。因此，我国社会面上所有要素均已实现标准化视频监控普及，这为我们按照统一标准接入提供了有利条件。

其次，视频是目前最经济的监测手段。按照公共安全要求，文化和旅游行业各要素均部署了视频监控系统，基本符合公安部主导的 GB/T 28181 标准。文化和旅游管理部门基本不需要部署额外设备，只需要直接接入视频数据即可。文化和旅游管理部门大力推动行业智慧化建设，各级文旅部门投入大量经费建设智慧文旅平台，基本实现了重点场所视频监测。此外，由于视频设备领域完全国产化且充分竞争，相关设备价格较为经济。因此文化和旅游管理部门可以花较少的时间、经费，实现全国文化和旅游场所视频监控联网，开展日常和重点时期监测。

最后，视频是目前最有效的监测手段。一是直观。视频画面对于监测者来说非常直观，可看到现场实时情况并迅速发现问题，比如文旅场所大量人流造成的拥堵等风险、极端恶劣天气等。通过录制存档，也能为日常管理留存证据材料。二是综合。一个视频信号可以发现多种风险问题。不同点位不同角度不同场所的视频信号可以根据监管需求发挥不同作用。三是威慑性。通过接入视频画面，虽然不一定 24 小时调取，但随时抽查、智能化监测等手段，对于被监测对象来说，具有一定威慑性。四是智慧化监管的基础。通过智能化提升，视频监测将克服大量视频人工监测的难点，从而成为物联网监测节点，形成智慧化监管新模式。

因此，视频监测是文化和旅游管理部门开展行业管理的有效方式。目前，在全国文化和旅游管理部门已基本形成国家省两级文化和旅游重点场所视频监测网络，基本实现了对 5A 和 4A 级旅游景区、图书馆、博物馆等重点文旅场所的视频监测。

7.6.2 文化和旅游行业视频监测工作的经验做法

视频联网技术在社会各行各业得到广泛应用，视频采集、管理和联网已非常成熟，不一一赘述。但与公安、交通、应急等相比，文化和旅游管理部门有自身特点，比如经费短缺、行政权力较弱等。文化和旅游管理部门要在全国范围内开展视频监测联网、建设、运行和应用，既要学习借鉴其他行业先进经验做法，又要采取一些符合实际的措施。主要有以下方面。

一是科学的顶层设计。着眼建立全国一体化文化和旅游视频监测体系进行规划设计，合理设计国家省两级监测体系功能，实现国家省两级监测范围合理衔接，部级平台注重整合，尽量避免与监测对象直接连接，重点建好建强省级平台。省级体系以下根据本省人力、财力实际，自主选择省市两级或者省级统建等方式，成体系推动全国文旅监测对象接入视频监测体系。

二是坚持需求带动。围绕各部门难点、重点、痛点问题，梳理视频监测需求，培育创新应用场景，功能上突出实效，注重解决实际问题。根据需求合理确定监测要求，文旅场所接入范围避免贪多求全，国家省两级合理分工，如景区接入方面，部级以 5A 级旅游景区为重点，省级以 4A 级以下旅游景区为重点，部级平台具备随时调取省级平台景区画面的能力。

三是尽量利旧节约投资。在标准方面，不另起炉灶，沿用公安行业标准；不要求新增视频设备，鼓励现有设备利旧，最大限度减少基层单位重复投资，减轻基层负担，降低工作实施难度。

7.6.3 可用、管用、好用：视频监测体系未来的发展

经过多年努力，文化和旅游视频监测体系已初步建成，并在假日监测调度、值班值守等方面发挥重要作用。总体来看，视频监测体系的发展还处在可用阶段，尚未实现管用，更谈不上好用。主要问题是部级视频监测画面超过 6000 路，省级平均 2000 路，美国圣地亚国家实验室专门做了一项研究，结果表明，人在盯着视频画面仅仅 22 分钟之后，人眼将对视频画面里 95% 以上的活动信息视而不见。大量监测画面单靠人工调看，基本无法发挥监测作用。

因此，目前视频监测仅能发挥查看现场情况的作用，视频监测人工化是

制约视频监测从可用到管用的关键因素。要实现视频监测从可用到管用再到好用，需要从以下几个方面下功夫。

一是监测自动化智慧化。积极利用智能视频监测技术，增加异常行为监测、极端天气监测、人员拥堵监测等功能，实现人群拥堵、乱扔垃圾、人行道占道、违规停放车辆等风险事件的智能化监测和自动化报警。创新使用人工智能、大模型技术，实现海量视频检索、异常报警信息结构化、语音控制的视频画面调取、自动巡检等功能，为各业务部门根据自身需求开展监测提供技术支撑。

二是构建视频监测指标体系。在智慧化视频监测技术和人工智能的支撑下，构建适应文化和旅游行业监测特点的监测指标体系，并进行行业数据分析。如将视频预警数据作为北极星指数，定期跟踪分析，从而评估某个区域、时间、对象的管理水平。

三是开展专项监测。围绕旅游安全、防火等文旅场所核心管理需求，会同业务部门系统性开展专项工作监测，从视频点位要求、预警模式、处置手段等全要素全过程进行部署，形成风险问题发现、处置、复检的监测结果应用闭环。比如在春节、清明假期前开展文旅场所规范燃香行为专项监测。

四是创新应用场景。视频监测数据是宝贵的大数据资源，在发挥现有行业监管、指挥调度等作用外，探索在确保隐私不受侵犯的前提下，发挥各文旅行业单位积极性，推动将文旅场所画面向公众开放，比如公众在规划行程前，线上查看文旅场所画面；通过直播方式集中宣传推广部分文旅场所等。

7.7 文化和旅游管理部门的耳朵：互联网大数据监测

在互联网时代，文化和旅游行业运行监测及应急处置工作模式已产生根本性变化。在近几年实践中，我们发现：一方面社会各界和人民群众对文化和旅游高度关注，涉及文化和旅游工作的事件往往第一时间在网络上发酵，引起网络热点。另一方面，重大突发事件如自然灾害、文旅安全事故、游客伤亡等发生后，往往第一时间在互联网上反映，通过传统逐级上报方式得到信息经常在属地部门处理完成后，时效性不强，造成工作被动的情况屡屡发生。此外，人民群众对于文化和旅游管理部门的意见建议大部分在互联网上反映，这也为文旅管理部门听取群众意见、改进工作提供了有效的信息收集途径。

因此，互联网数据应该成为监测预警指挥体系的首要监测对象，互联网数据监测又被形象地称为文化和旅游管理部门开展工作的耳朵。而互联网上每天产生海量数据，文化和旅游行业范围广、与人民群众密切相关，互联网上相关数据规模宏大，种类繁多，要做到全部掌握，既不可能也没必要。必须围绕工作需求，突出重点。在行业监测的实践中，我们总结出监测重点有重大突发事件、舆论热点、满意度监测等。

7.7.1　重大突发事件监测

文化和旅游行业与人民群众密切相关，特别是在假日期间，重大突发事件多发、易发。重大突发事件包括：一是文化和旅游安全事件，如各种因素导致游客伤亡、失火、极端天气、地震导致的伤亡和文旅场所受损等；二是文旅场所运行突发事件，如景区索道、摆渡车等设备设施故障、重大疫情等导致游客滞留事件；三是文化和旅游市场管理各种违法行为。比如旅行社低价游导致冲突等。

针对以上事件，各级文化和旅游管理部门建立了信息上报机制，中办、国办、文化和旅游部提出了明确要求，但仅依靠逐级上报方式进行突发事件监测、处置，存在很多问题。一是时效性差。突发事件发生后，各级文化和旅游管理部门均不是第一时间掌握，待了解情况后逐级上报，往往已是处置完毕了，只能沦为掌握处置情况。二是可能发生漏报或者瞒报。有的事件从小事发生，不断发酵扩大，而基层部门没有手段及时掌握和处置，从而错失处置最佳时机。有的事件基层政府碍于形象或者害怕追责，可能会出现瞒报或者选择性上报的情况。

在全民数字化阶段，重大突发事件大部分都会从网络上特别是自媒体上反映，通过网络进行监测分析是开展重大突发事件监测的有效手段。

重大突发事件监测不仅仅是从互联网上采集信息，而是信息采集、数据分析、影响力评估、形成突发事件、上报下发和处置反馈的全过程。

在信息采集阶段，目前成熟的互联网监测系统，定期将全网互联网数据导入数据库并进行初步分类，信息监测团队制定突发事件监测方案，其中最主要的是设定火灾、故障、滞留等一系列关键字，将信息初步筛选出来，形成初步信息。此外，通过定向监测方式，实时监测各级消防救援公众号、中国地震局公众号等关键渠道，第一时间获取重大突发事件播放，形成突发事件监测信息。

监测团队在接收到突发事件信息后，通过专项监测方式搜集网络上该事件所有信息，通过视频监测、数据比对等方式对信息进行核实，并对影响力进行评估。影响力评估是指此事件对于文化和旅游工作产生影响的程度，比如地震、火灾范围内是否有景区、博物馆、文博单位等文化和旅游场所，是否有旅行团组等。通过影响力评估，基本形成事件情况，进行上报。

事件上报后，各级领导按照权限进行下发处置，再跟踪反馈。这部分是应急指挥系统功能，在这里不多展开介绍。

需要重点说明的是：在监测处置涉及安全生产的重大突发事件时，按照《中华人民共和国安全生产法》等法律法规要求，文化和旅游管理部门负有行业领域安全生产管理责任，但不能代替安全生产法定监管部门对本行业领域开展安全生产执法、许可、强制、处罚等行政行为，只能依据本行业领域法律法规和行政权力清单、责任清单开展行政管理工作，并逐步完善本行业的安全管理法律法规体系和安全管理机制。即"将安全生产工作作为行业领域管理的重要内容，从行业规划、产业政策、法规标准、行政许可等方面加强行业安全生产工作，指导督促企事业单位加强安全管理"。因此，这方面监测侧重督促负有安全责任的地方政府和部门开展处置。

7.7.2　互联网舆情监测

网络舆情是社会舆情在互联网空间的映射，是社会舆情的直接反映。网络舆情监测技术和模式在每个行业都有成熟案例，在这里不多做讨论。与其他行业不同，文化和旅游行业互联网舆情监测工作要想做到实用、管用、好用，应突出以下几个重点。

一是突出网络热点事件监测分析。应能够实现对网络热点事件的及时监测，特别是尚未发酵的文旅热点事件，通过采集分析，及时识别出热点事件，开展多角度多维度的分析，包括时间脉络、发展趋势、热点文章、网民观点等方面。

二是突出热度长期监测分析。重点对文化和旅游工作网络热点开展监测分析，制定有关指标体系，每日监测热度发展变化，跟踪分析原因。在重大时间节点前，通过对热度长期分析，可以反映出人民群众出游热度、重点方向等，从而提前采取措施。

三是突出日常监测信息汇编。通过每日对文旅热点信息采集，根据热点形成排行，互联网数据监测系统可以为各部门日常工作提供支撑。这种方式将会很受大家欢迎，从而降低推广应用难度。

7.7.3　文化和旅游工作群众满意度监测

文化和旅游行业主要面向人民群众提供服务，因此服务质量是衡量行业发展水平的核心指标。随着经济社会数字化不断推进，在线旅游平台（OTA）为代表的线上文旅服务提供商在为人民群众提供信息查询、在线预订、售后等服务的同时，均提供服务点评功能，供网民对于文化和旅游场所服务质量进行打分和评论。对于网民点评数据进行监测分析，将有助于文化和旅游管理部门倾听群众意见建议，为采取措施改进服务提供精准数据依据。因此，基于互联网数据的文化和旅游服务质量监测就是监测分析人民群众对于文化和旅游工作的满意度。

文化和旅游部信息中心依托携程旅游、驴妈妈等十余家国内主流 OTA 网站大数据，对全国 5A 级旅游景区、五星级饭店等文化和旅游场所评价信息进行语义分析，针对景区、饭店、红色旅游、博物馆等 6 个监测对象各设定 10 个评价维度。比如针对景区，设置食品卫生、清洁卫生、门票物价、旅游交通、客流状况、景区管理、景点景色、服务水平、服务设施、厕所 10 个维度，全面客观反映景区服务质量水平（图 7-1）。

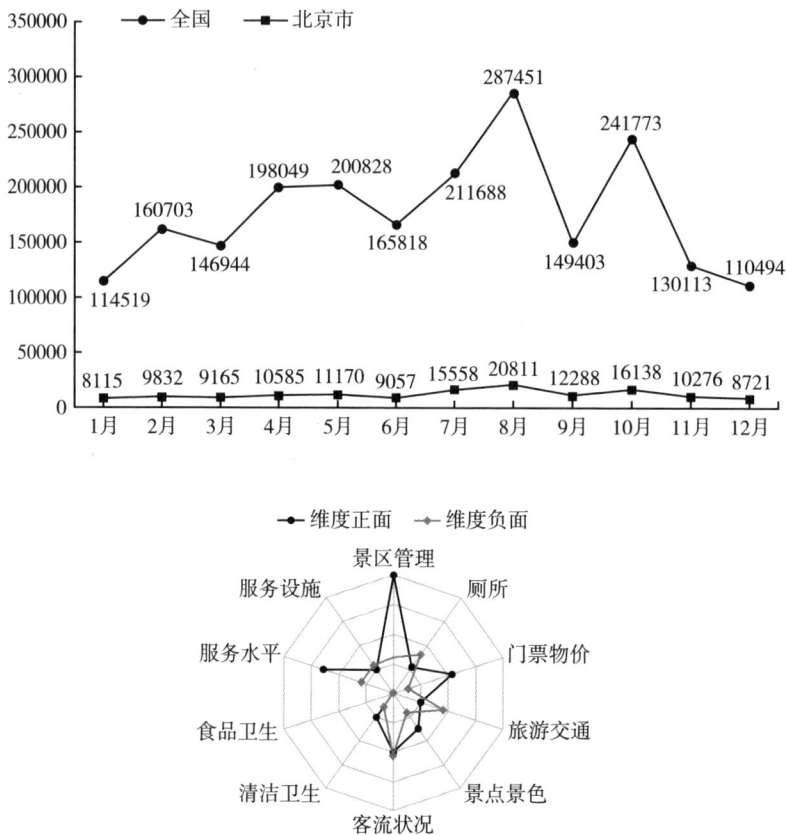

图 7-1　景区服务质量 10 个维度示意图

2023 年，全国旅游标准化技术委员会就《旅游服务质量大数据评价指标》行业标准征求意见，全国旅游标准化技术委员会发布行业标准《旅游服务质量大数据评价指标》，明确了旅游服务质量大数据评价的指标设置原则、指标体系，适用于通过采集在线旅游平台的消费者评价大数据，对旅游景区、旅游饭店、旅行社和旅游民宿开展服务质量评价。其中，景区服务质量大数据评价指标从安全、卫生、服务、位置交通、文化、游玩体验、票务、配套、综合管理几方面进行规范；旅游饭店服务质量大数据评价指标从位置、设施、餐饮、服务、价格、卫生几方面进行规范；旅行社服务质量大数据评价指标从信息咨询、出行交通规划、出行住宿安排、出行餐饮安排、导游员、产品几方面进行规范；旅游民宿服务质量大数据评价指标从周边环境设施、配套设施、服务、卫生几方面进行规范。

在实际监测中，我们发现服务质量大数据监测工作还存在一些问题：一是缺乏量化标准。虽然明确了监测维度，采取语义分析手段提取关键信息，但没有系统性设置数量指标，导致服务质量开展标准化数据监测分析、历史数据对比比较困难。二是监测范围需要优化。除传统 OTA 平台外，抖音、快手、小红书等社交媒体数据采集、挖掘和关联尚未形成可行模式。OTA 平台存在竞争导致萎缩或者发展的过程，因此监测范围需要动态调整。三是尚未形成监测体系。国家省两级监测尚未统筹，导致手段、尺度不统一，信息不共享、业务不协同。四是服务质量大数据监测尚未形成可靠的质量监测结果运用的场景，导致缺乏正反馈机制。

要解决以上问题，推动服务质量大数据监测更好发展，真正实现反映民意、衡量质量和指导工作的作用，需要在以下几方面下功夫。

一是扩大服务质量大数据监测概念，将服务质量监测扩展至文化和旅游工作人民群众满意度概念。概念扩展后，更加贴近文化和旅游管理部门职责，结果运用更加灵活，更能引起领导和各级部门的重视。监测范围除 OTA 平台外，纳入社交网络、12345 举报投诉等方面，促使监测结果更加全面、科学。此项工作业务发展空间更大，将成为行业监测体系的重要支柱。

二是推动监测结果量化。推动监测结果从原有语义分析的定性转为数字驱动量化。重新优化监测指标体系，删除暂时无法量化具体指标。重点反映面上情况，比如制定各级满意度指数，通过数据直观、全面反映整体满意度情况。

三是建立常态化跟踪分析工作机制。监测团队在做好建立平台、采集数据、建立指标等工作的同时，建立每日分析满意度机制。根据指标拆解、数据下钻等操作，建立数据分析模型，每日对满意度监测分析，查找问题、分析原因，列出重点关注对象名单，提出处置建议。加大监测工作推广力度，会同相关部门加强成果运用，推动监测工作与业务管理协同。

7.8 运行监测主要方式：流量数据监测

文化和旅游场所客流量和接待量是文化和旅游管理部门开展运行监测、假日指挥调度和日常管理的重要依据。建设覆盖全国的统一流量监测体系将会为文化和旅游管理部门构建数据驱动的新型管理模式提供有力支撑。因此重点文化和旅游场所人流量应该成为全国文化和旅游监测预警指挥体系的主要监测对象。首先，在"五一"、国庆等重要假日期间，人民群众集中出游，文化和旅游场所接待压力巨大，各级文化和旅游管理部门需要对人流量进行实时监测，根据人流量变化情况，开展调度、提醒，推动文化和旅游场所及时采取疏导、限流等措施，确保假日运行安全。其次，客流量和接待量是衡量行业运行景气程度的核心指标，通过对流量数据的跟踪分析对比，构建模型，提高对行业运行规律的认识，从而为各级文化和旅游管理部门制定政策、采取措施提供科学依据。最后，通过大范围人流量数据采集，综合气象、基础信息等数据形成舒适指数，可以向社会公开，引导人民群众合理制定行程，将成为文化和旅游管理部门提供公共服务的重要内容。

建设文化和旅游场所人流量监测体系要坚持以下几方面原则。

一是需求引导。以指挥调度流程优化为引导，精心设计数据维度，合理确定更新频率，数据准确度方面要注重支撑业务运行场景，避免过量采集用户信息，注重与最大承载量等数据的衔接，注重与历史数据分析对比，做到实用管用好用。

二是平战结合。在为节假日指挥调度提供监测预警数据的基础上，围绕各部门需求，实现对文化和旅游重点场所人流量日常监测，通过数据的长期积累，结合人工智能、大数据等技术，科学合理构建数据模型和算法，形成预警、预测并重的数据产品。紧盯实时流量，突出监测技术特点，与传统的报送数据形成差异化，争取做出亮点和特色。

三是国家省同步。坚持国家省同步监测、协调联动的原则，推动构建部级平台为龙头、省级平台为骨干的全国一体化流量监测体系，逐步制定切实可行、科学合理的人流量监测数据采集交换标准体系，以流量系统升级改造带动各省建设完善已有流量系统，推动各省以流量监测数据为依据开展假日调度和日常监测。

四是分步实施。充分认识全国范围内开展人流量监测的难度，坚持顶层设计、分步实施，立足现有技术条件和平台功能，合理制订工作计划，采取先试点再铺开策略，在数据类型、覆盖范围等方面分阶段实施，在试点中同步开展数据采集、验证等研究工作，确保数据维度、准确度符合工作需求，再向全国推广。

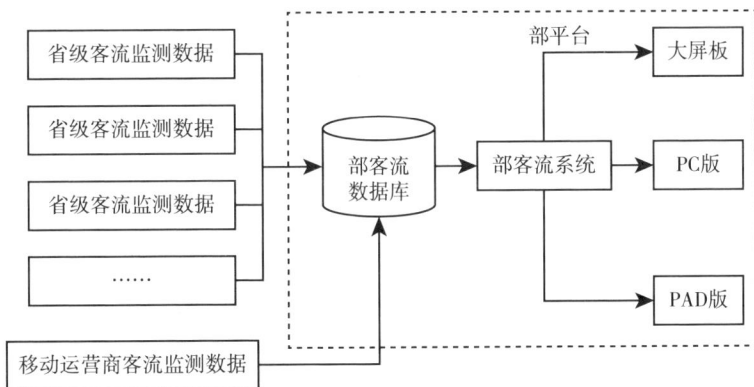

图 7-2　客流量监测系统架构

如图 7-2 所示，通过数据接口的方式汇聚各省客流监测数据和移动运营商客流监测数据到部内客流数据库中，平台大屏端、PC 端和 PAD 端统一从平台基础数据库中提取数据，按照不同需求进行展示。平台大屏端、PC 端、PAD 端（以下简称"三端"）分别通过身份认证接口跳转至部客流监测系统，实现详细统计数据查看、详细信息查看、检索等功能。

7.9 运行监测典型场景：数据驱动的经济运行分析体系

经济运行分析是政府管理部门开展行业管理、推动所负责领域产业发展的重要手段，目前各级文化和旅游管理部门定期组织召开经济运行分析会议，在会上，通报文化和旅游产业发展情况，听取有关行业代表和专家意见建议，研判产业发展形势。

文化和旅游管理部门在经济运行分析体系方面是有所欠缺的，经济运行分析体系缺位会带来以下几个问题。

一是目标没有量化，导致工作缺少牵引。推动文旅产业发展、市场繁荣是管理部门的重大责任，而各业务部门提出的工作目标如果仅为空泛的计划，既没有对产业发展情况指标化、量化的监测，也没有政策措施成效的量化检验，则经济运行分析乃至管理职能履行就失之于空。

二是各部门和基层部门对于目标缺乏理解和认同，影响后续落地执行。如果未经科学论证，仓促提出量化指标，由于缺乏严谨的测算，很多指标将明显不合理，则各业务部门特别是基层单位对目标没有共识基础。各部门无法将年度目标与自身工作关联，也无法将结果目标和可被影响的过程目标关联，更没有反馈机制，则会沦为为实现目标而数据造假，从而违背经济运行分析的本质。

三是目标的过程监测和分析缺位，无法适应产业发展变化。确定目标后就束之高阁，到季度或者半年后再来复盘，这种方式较为低效。首先，很多目标确定后，需要通过一定时间试运行，来判断是否符合行业运行发展规律。在试运行阶段，需要对每月甚至每周指标以及各种联动过程指标进行观察和分析。其次，产业的运行发展服从于宏观经济形势，也被很多临时性、突发性因素所影响，如果不能高频地去观察、分析甚至预测核心业务指标变动，将会导致管理措施和日常工作落后于产业发展过程，从而弱化行业管理作用发挥。

通过以上分析不难看出，经济运行分析体系其实是推动行业管理和产业发展科学化的系统性机制。它以数据驱动的方式，通过对行业运行数据的监测、分析和预测，从行业监测的视角让各部门更好地理解和掌握行业发展情况，从而设定科学、合理的工作目标，优化政策措施，做好精细化的日常管理，推动文化和旅游行业高质量发展。

7.9.1 从监测分析角度构建行业经济运行分析体系

要分析文化和旅游行业运行情况，需要监测数据搜集、加工，最后作出判断、得出结论。要构建一套真正为管理部门决策服务的经济运行分析体系，需要在机构、工具和机制三方面落实。

首先，要明确专门的团队负责日常产业运行监测分析。数据分析团队既负责日常数据监测分析，也负责监测平台建设运行，主要工作是站在产业发展运行整体视角，以监测数据定量分析和运行指标科学管理为主要手段，牵头设置有关目标、设计运行指标和定期（周度、月度季度、年度）的目标进展统计、分析、复盘，根据管理需要以专题形式，对行业各领域、各要素进行深入洞察分析，从而发现问题、分析原因、提出优化建议。

经营分析团队应该是文化和旅游管理部门里既懂技术又懂业务的部门，主要工作手段是监测和分析行业运行数据，每天都在与数据指标打交道，从一个个数据指标的变化中洞察背后的行业发展趋势和文旅各要素运行情况；他们扮演着各部门的"超级大脑"角色，像一台超级计算机为行业管理和关键决策提供持续的数据洞察和决策建议。

其次，数字化工具方面，需要一套高效运行的数据监测平台，确保数据分析团队能够及时、准确、全面地得到相应的数据。目前主流的数据监测平台是一套基于 Hadoop 架构的"大数据平台 + 数据仓库 +BI 工具"的系统，让数据分析团队能够通过数据工程师开发的数据集在 BI 报表中得到需要的数据和指标。随着数据分析技术不断进步，监测平台服务对象已从数据分析团队扩展至各业务部门，监测平台开始围绕指标进行功能升级改造，从而解决指标二义性、指标开发时效性等传统数据平台工具难以解决的问题，还能更灵活地满足各部门围绕自身工作需求，高频地自助获取数据。更重要的是，新型监测平台依据文化和旅游行业运行监测分析指标体系，对北极星指标和业务过程指标进行拆解，关联到各部门各领域监测指标体系中，在监测数据支撑下高频地分析指标变动，从而为经济运行分析提供高效平台支撑。

最后，经济运行分析体系需要搭建一整套管理运行机制。比如，年度运行目标的确定、数据治理、定期分析复盘内容和组织运行分析会议等。

7.9.2　年度运行目标规划确定过程

在年初行业管理工作谋划时，会启动年度业务目标的设定。行业监测分析团队首先自上而下进行战略拆解。各部门负责人会围绕当年的管理工作开展讨论，结合上级部门要求和宏观经济预判，提出整体工作目标和关键北极星指标数值上的期待。监测分析团队对这些指标进行相应的测算和拆解，结合历史数据和外部数据，测算出相对增速和绝对值等，同时自上而下将总指标按照指标树的方式拆解到各个过程指标和部门指标，当然这一拆解过程非常依赖分析团队的专业性，分析团队需要对业务逻辑足够了解，对数据变化足够敏感，对过高或者过低的异常值能够做出客观的逻辑校验等。

在自上而下拆解的同时，数据分析团队还会自下而上地开展指标摸底提报过程。自下而上的提报过程通常是由数据分析团队到各个业务管理一起完成的，围绕工作计划和开展措施，提出本领域业务管理过程指标，从每一个领域自下而上地汇集相关指标，得到一个基层视角的目标指标数值。经过自上而下和自下而上的两个过程之后，两套指标会汇集到数据分析团队来做指标的合议和调整。这往往会涉及分析团队和各个业务部门的多轮沟通，达成一个既能在一定程度上符合行业发展规律，又能在各部门较好落地的状态。这个过程不可避免地会涉及讨价还价的问题，但更多的是数据的交锋和指标的逻辑测算。任何一个指标的拆解和预估，都需要有充足的数据逻辑规律的支持，监测分析团队内部、分析团队和业务部门之间会进行多轮交锋，最后胜出靠的是指标的逻辑。此外，通过监测数据平台来有效地管理和呈现这些指标，并为日常目标管理和分析提供支撑。

7.9.3　监测成果驱动的行业经济形势分析会

行业经济形势分析会其实不只是一个会议，还是一套以行业运行北极星指标体系为核心的管理复盘流程，也是从措施讨论再到决策的过程。会议应该由数据驱动和议题驱动的，会上监测数据分析团队负责人通过监测平台，展示文化和旅游总体和各个部门的核心北极星指标数据，就异常的指标进行问询、分析和应答。会议的重心并不在于汇报数据，而是分析数据指标背后的原因和制定下一步的措施。由于不需要各业务部门提前准备数据，基于同一套北极星指标看数和分析数据，所有人面临的数据都是客观的，而数据异常背后的变量指标都可以在平台上下展示，哪个过程指标出了问题也都是显而易见的，这也大大节省了时间和精力。因此我们不难发现，高效的数据分析会非常依赖一套清晰的业务指标体系，还需要一个指标平台来承载这些指标，让相关人员能高效甚至实时地看到这些关键业务指标的数值进展，这将为文化和旅游管理部门分析问题和解决问题提供符合逻辑的、数据驱动的思路。

第八章
互联网技术方法论：文化和旅游线上公共服务

　　为人民群众提供优质的公共服务是文化和旅游管理部门的核心职责和主要工作内容。长期以来，文化和旅游公共服务主要以线下为主，各级文化和旅游服务单位依托旅游景区、博物馆、文化馆、剧场剧院等文化和旅游场所为社会公众提供服务，并组织开展演出、展览等文化活动。随着数字化进程不断加快，各级文化和旅游服务单位越来越重视线上公共服务的作用，纷纷依托互联网提供一系列线上文化和旅游服务，一方面通过互联网提供预约、购票和信息服务，另一方面将线下资源和活动搬到互联网上，比如线上展览、在线图书馆、直播等。

　　与线下公共服务相比，依托互联网提供的文化和旅游公共服务拥有独特优势，已逐步成为文化和旅游服务单位主要服务方式，并随着技术不断进步具备更大的发展空间。主要原因：一是受众更广，互联网打破了地域限制，公共文化和旅游服务的受众是全体网民，只要可以连入互联网，所有网民都可以接受每个线上服务；二是效率更高，与线下服务相比，线上服务通过文字、图片和音视频等多种方式，可提供服务的内容、方式更深、更多，且长期看来，花费的人力物力更少；三是时间、地点更加灵活，线上服务可通过直播方式提供实时演出、讲座等文化活动；同时服务一旦上线，除日常维护外，网民可以打破时空限制，随时随地进行访问，接受服务；四是更加精准，通过对线上服务数据和服务对象操作等信息的监测分析，可形成用户画像，从而对服务对象进行细分，开展针对性服务，推动服务方式从单向提供向双向互动转变，从而实现服务精准化。

然而在实际工作中，虽然大部分公共服务单位建立了网站，花费大量经费建设并运行移动应用，但普遍用户较少、知名度较低、流量不多；有的线上服务方式单一，仅提供预约、购票等刚性需求，大量文化资源尚未提供，未发挥线上服务应有的作用；有的线上活动、演出向公众直播，线上观众满意度不高，参与度不强。这些问题的产生，有经费投入不足、版权制约等原因，也有各级文化和旅游公共服务部门对于互联网的特点规律把握不够的因素。归根结底，开展线上服务是一项复杂的系统工程，线上服务各个环节从服务策划、系统开发到日常运维、线上活动组织，都需要从传统思维转变为互联网思维。更重要的是，互联网技术的特点决定了文化和旅游管理部门需要按照互联网思维方式，从更高层面、更多角度，规划建设线上公共服务体系，综合技术、管理等多方面构建新型服务模式。

8.1　互联网思维角度的文化和旅游线上服务

互联网思维模式是互联网公司在应用开发、产品打造、日常运维推广等工作中总结提炼出来的一系列方法论。互联网思维的核心包括平台思维、用户思维、大数据思维、跨界思维、流量思维、迭代思维、社会化思维、简约思维和极致思维等。这些思维模式凝聚了线上服务的宝贵经验，值得文化和旅游行业各单位认真借鉴。下面结合以上思维模式，谈谈文化和旅游单位应该借鉴的几个重点。

一是平台思维。互联网技术实现资源、渠道、服务的不断积聚，具有强烈的头部效应。互联网用户一般只接受同一种服务的前几个头部平台，这就是为什么线上购物只有淘宝、京东、拼多多等少量平台，社交工具只有微信的原因。在移动互联网时代，平台就是阵地，是互联网上"兵家必争之地"。

而文化和旅游各单位由于缺少高级层面统筹，只能在自身权限、资源范围内积聚资源提供服务，导致线上服务小、散、乱，且高度碎片化，各种服务流量较少。因此，文化和旅游线上服务需要整合形成单一平台，积聚资源、各自分工、形成合力。积聚资源并不意味着把资源简单拿过来，而是渠道线上整合，服务各自提供。这是文化和旅游线上公共服务互联网化的基础。

二是用户思维。互联网条件下，线上公共服务是以互联网产品形式提供。互联网产品强调以用户为中心，关注用户需求和体验，让用户参与到产品设计和改进中，通过极致的用户体验赢得口碑，从而获得流量。这就要求文化和旅游线上服务需要从单向供给向双向互动模式转变，需要我们在服务策划阶段，更多关注用户需求，并在日常运维中，广泛征求用户意见，不断迭代。这不仅仅是在现有各环节中增加工作内容，而且意味着流程再造和模式创新。

三是大数据思维。利用大数据技术收集、分析和挖掘用户数据，深入了解用户行为和需求，实现精准营销和个性化服务，优化决策和运营效率。现有的线上服务，服务单位仅满足于服务上线和运行稳定，对于用户数据挖掘，既没有意识，也没有手段。这需要我们结合用户思维，充分挖掘用户信息，不断打磨产品，优化服务，开展社群营销等新型推广方式。

四是跨界思维。互联网时代，通过技术创新和模式创新，服务提供方打破传统行业边界，通过跨界合作和创新，整合不同行业的资源和优势，开拓新的市场领域和商业模式。文化和旅游单位应在明晰公益或非公益属性的前提下，大胆打破固有服务模式，积极推动与现有互联网企业、相关行业跨界合作，从而提供更加多元的服务。而整合平台统一提供服务，将为跨界提供平台支撑，形成全新的服务模式。

五是流量思维。文化和旅游服务部门避免"一建了之"现象，注重线上服务的推广和日常运营。要重视获取和运营流量，通过多种渠道和方式吸引用户关注和访问，将流量转化为用户，实现服务价值。各级文化和旅游管理部门应该整合各类资源，发挥自身优势，形成专业化推广工作机制，通过平台整合、模式创新等方式，形成流量获取合力。

此外，互联网已从传统互联网发展到移动互联网，正在向智能互联网进化。而每个阶段都需要前一个阶段作为基础，这就需要我们增强紧迫感，在运用互联网思维构建线上服务体系的同时，顺应互联网发展规律，超前谋划、超前布局，实现跨越式发展。

8.2　文化和旅游线上公共服务体系——互联网化服务新模式

8.2.1　文化和旅游线上公共服务体系的概念梳理

党的十八大以来，我国不断促进基本公共文化服务标准化、均等化。公共文化服务保障法、公共图书馆法颁布实施，中办、国办印发《关于加快构建现代公共文化服务体系的意见》《国家基本公共文化服务指导标准（2015—2020 年）》等，推动我国公共文化服务体系建设取得显著进展。

党的二十大报告中提出"健全现代公共文化服务体系""增进民生福祉，提高人民生活品质"，党的二十届三中全会审议通过的《中共中央关于进一步全面深化改革、推进中国式现代化的决定》中提出，"完善公共文化服务体系，建立优质文化资源直达基层机制，健全社会力量参与公共文化服务机制"。可见，党中央、国务院完善公共文化服务体系的思路一脉相承，战略布局清晰明确，各项措施不断深入并持续完善。

在数字化方面，《关于加快构建现代公共文化服务体系的意见》中提出"加快推进公共文化服务数字化建设""加快推进公共文化机构数字化建设"，"构建标准统一、互联互通的公共数字文化服务网络，在基层实现共建共享"。这是对公共服务数字化方面提出的具体工作部署。

自从 2018 年国家行政体制改革之后，在推动文化和旅游不断融合的战略背景下，文化和旅游管理部门提出了文化和旅游公共服务融合发展的新思路，出台多项政策措施，推动文化和旅游公共服务机构功能融合，取得显著成效。

要落实以上战略部署和工作要求，在具体操作层面上，需要我们借鉴互联网思维，明确提出文化和旅游线上公共服务的这个概念。只有提出概念，在此基础上不断细化扩展内涵和外延，才能从理念创新角度，重新审视文化和旅游公共服务。总的来讲，线上公共服务与线下公共服务共同组成公共服务，成为文化和旅游公共服务不可或缺的重要内容。

提出这一概念，首先，有助于构建符合互联网客观规律和人民群众需求的文化和旅游线上公共服务。与传统线下服务相对应，线上服务与线下服务数字化有着明显区别，不是线下服务的延伸和附庸，而是一个全新、独立的概念，这将帮助我们打破传统思维局限，以互联网的思维模式，从架构、功能、机构等方面重新设计线上服务体系。比如，数字博物馆、数字图书馆、国家公共文化云等提供线上公共文化服务，各地方开发的一机游小程序承担旅游公共服务职能，OTA 网站、在线票务网站等也有一部分公共服务功能，将以上统一归入线上公共服务概念，有助于我们统一思考功能融合、渠道互补等问题。

其次，有助于推动文化和旅游深度融合。构建统一的文化和旅游线上公共服务体系，将整合公共文化服务和旅游公众服务，形成统一服务模式，从而避免重复建设，节约人力物力。通过统一划分文化和旅游公益性和营利性内容，将形成各自分工、共同促进的线上公共服务体系，不断探索财政投入和社会投入共同支撑的保障体系。

最后，有助于形成一体化支撑保障合力。通过整合公共文化、旅游公共服务等业务，在全国形成统一体系和平台提供服务，可以有效破解人民群众享受公共服务碎片化、线上门户小散乱等现实问题；公共服务单位通过平台统一流量导入和推广，将大大扩展服务范围和效率，这将是公共服务模式的革命性变化。在互联网化背景下，可以统一规划支撑保障能力，建设统一文旅云平台，实现资源、组件等保障能力共用，有助于集约化推动数字化工作。

8.2.2　政务服务与公共服务概念的统一

关于政务服务与公共服务的关系存在不同观点。有的人认为政务服务与公共服务是并列关系，政务服务是政府管理部门在履职尽责过程中，采取的一系列审批许可类操作，偏重于强制性。而公共服务则是政府部门主动提供，公众具备选择权的服务。有的观点是政务服务是政府管理部门向社会提供的一种公共服务。

2022年5月国务院出台《国务院关于加快推进政务服务标准化规范化便利化的指导意见》（国发〔2022〕5号），明确了政务服务事项包括依申请办理的行政权力事项和公共服务事项两类。其中行政权力事项包括行政许可、行政确认、行政裁决、行政给付、行政奖励、行政备案及其他行政权力事项。公共服务事项包括公共教育、劳动就业、社会保险、医疗卫生、养老服务、社会服务、住房保障、文化体育、残疾人服务等领域依申请办理的事项。按照文件规定，文化和旅游公共服务应该归属于文化和旅游政务服务下，与文化和旅游行政权力（行政许可、行政处罚、行政检查、行政确认、其他权力）并列。

按照要求，文化和旅游部全面梳理文化和旅游部政务服务事项目录清单。按照相关标准，编制行政权力事项目录清单（以行政许可类事项为主）。同时，梳理与群众日常生产生活密切相关的公共服务事项，编制公共服务事项清单及办事指南。

2019年有关部门梳理的文化和旅游行政许可类事项清单（如表8-1）。由于行政许可类事项均有明确法律或者规范性文件为依据，因此，梳理得较为全面。

表 8-1　文化和旅游政务服务事项（许可类）基本目录

主项名称	子项目	事项类型	行使层级
旅行社设立许可		行政许可	省级
导游证核发		行政许可	省级

主项名称	子项目	事项类型	行使层级
外商投资旅行社业务许可		行政许可	省级
旅行社经营边境游资格审批		行政许可	省级
旅行社经营出境游业务资格审批		行政许可	国家级
导游人员从业资格证书核发		行政许可	国家级
境外组织或者个人在中华人民共和国境内进行非物质文化遗产调查的审批		行政许可	国家级省级
设立社会艺术水平考级机构审批		行政许可	省级
从事经营性互联网文化活动审批		行政许可	省级
互联网上网服务营业场所经营单位设立审批		行政许可	县级
营业性演出审批		行政许可	县级
娱乐场所从事娱乐场所经营活动审批		行政许可	县级
中外合资经营、中外合作经营娱乐场所从事娱乐场所经营活动审批		行政许可	省级
文艺表演团体从事营业性演出活动审批		行政许可	县级
香港特别行政区、澳门特别行政区的投资者在内地投资设立合资、合作、独资经营演出经纪机构从事营业性演出经营活动审批		行政许可	省级
香港特别行政区、澳门特别行政区的投资者在内地投资设立合资、合作、独资经营的演出场所经营单位从事演出场所经营活动审批		行政许可	省级
台湾地区的投资者在内地投资设立合资、合作经营的演出经纪机构从事营业性演出经营活动审批		行政许可	省级
台湾地区的投资者在内地投资设立合资、合作经营的演出场所经营单位从事演出场所经营活动审批		行政许可	省级

主项名称	子项目	事项类型	行使层级
演出经纪机构从事营业性演出经营活动审批		行政许可	省级
艺术品进出口经营活动审批	①一般艺术品进出口经营活动审批 ②涉外营业性艺术品展览审批活动	行政许可	省级
举办香港特别行政区、澳门特别行政区的文艺表演团体、个人参加的营业性演出审批		行政许可	省级
举办外国的文艺表演团体、个人参加的营业性演出审批		行政许可	省级
举办台湾地区的文艺表演团体、个人参加的营业性演出审批		行政许可	省级
中外合资经营、中外合作经营的演出经纪机构从事营业性演出经营活动审批		行政许可	国家级
中外合资经营、中外合作经营的演出场所经营单位从事演出场所经营活动审批		行政许可	国家级
互联网文化单位进口互联网文化产品内容审查		行政许可	国家级
文化类民办非企业单位设立前置审查		行政许可	省级 市级 县级
文化类基金会设立前置审查		行政许可	县级
游戏游艺设备内容审核		行政许可	省级
香港特别行政区、澳门特别行政区服务提供者在内地设立内地方控股的合资文艺表演团体从事营业性演出活动审批		行政许可	省级

有关部门就政府服务事项办公业务系统情况进行调查统计，列入的文化和旅游公共服务事项（部级）共14项，其中11项已建成业务系统对外提供服务。

表 8-2　文化和旅游公共服务事项目录（部级）

序号	名　称	业务办理项名称
1	文化和旅游部政府信息公开在线申请系统	依申请公开办理
2	全国艺术科学规划项目申报及管理	全国艺术科学规划项目申报及管理
3	国家社科基金艺术学重大项目申报	国家社科基金艺术学重大项目申报
4	科技项目申报	科技项目申报
5	全国文化市场技术监管与服务平台社会艺术水平考级管理	社会艺术水平考级管理
6	境外组织和个人在中华人民共和国境内跨省域非遗调查	境外组织和个人在中华人民共和国境内跨省域非遗调查
7	进口网络游戏内容审查	进口网络游戏内容审查
8	国产网络游戏备案	国产网络游戏备案
9	旅行社经营出境（出国和赴港澳）旅游业务	旅行社经营出境（出国和赴港澳）旅游业务
10	导游人员从业资格证书核发	导游人员从业资格证书核发
11	中外合资合作演出经纪机构相关业务	中外合资合作演出经纪机构
12	中外合资合作演出场所经营单位相关业务	中外合资合作演出场所经营单位
13	针对文化市场领域违法行为的举报投诉办理	举报办理
14	签证专办员管理	组团社签证专办员管理

此外，2021 年国家发展改革委印发《国家基本公共服务标准（2021 年版）》，其中，"文体服务保障"中明确了"公共文化服务"范围，共 9 项，其中"公共文化设施免费开放""读书看报""送戏下乡"明确为文化和旅游管理部门组织实施。

相比行政权力事项，公共服务事项梳理并不全面，传统意义上的公共文化服务、旅游公共服务均没有纳入。主要原因有以下几个方面：一是国务院要求的政务服务事项是依申请办理的，而部分公共文化服务、旅游公共服务是文化和旅游管理部门主动提供的，比如演出、信息服务等。部分服务则可以视为依申请，如公共文化场馆开放、图书借阅等。二是公共文化服务概念超出了文化和旅游政务服务范畴，公共文化服务除了文化和旅游管理部门实施外，部分内容由广电部门、教育部门组织实施，如收听广播、收看电视等。

在文化和旅游管理部门内部实现政务服务、公共服务概念衔接，既有利于服务提供标准化、规范化，又为统筹建设线上服务平台提供理论支撑。因此笔者建议将以国务院出台的政务服务概念中公共服务为主，增加《国家基本公共服务标准（2021 年版）》中文化和旅游管理部门承担的公共服务内容，明确文化和旅游管理部门提供的公共服务，以此完善文化和旅游政务服务事项管理库。在此基础上，完善公共服务事项受埋条件、中介服务、办理流程等信息要素，实现标准化、规范化。

在明确政务服务、公共服务、线上线下等概念基础上，文化和旅游公共服务体系思维框架基本形成，即以政务服务为核心，建设包含行政权力、公共服务两部分的线上服务体系。而线上公共服务体系名称沿用"公共服务"的名称，便于与公众日常认知一致。

文化和旅游公共服务再细分为线上、线下两种类型。其中线下服务依托现有工作模式和场地开展。线上服务方面，顺应互联网化客观规律和经验，统筹规划建设线上服务，构建一体化线上公共服务体系，实现概念、措施、平台的统一，从而实现互联网化线上公共服务标准化、规范化。

8.3 以一体化政务服务平台为核心构建文化和旅游线上公共服务体系

在一体化线上公共服务体系概念明确后，按照互联网思维中"平台化"理念，构建全国统一的文化和旅游线上公共服务平台。在党中央、国务院战略部署中，一体化政务服务平台就是政府提供线上政务服务的统一平台。文化和旅游部按照要求，自 2019 年起，逐步建成文化和旅游一体化在线政务服务平台。下面简要介绍全国一体化政务服务平台、文化和旅游一体化在线政务服务平台及各省文化和旅游政务服务平台。

8.3.1　全国一体化政务服务平台

习近平总书记多次强调要统筹发展电子政务，构建全流程一体化在线服务平台，更好解决企业和群众反映强烈的办事难、办事慢、办事繁的问题。党的十九届四中全会审议通过的《中共中央关于坚持和完善中国特色社会主义制度　推进国家治理体系和治理能力现代化若干重大问题的决定》提出，要创新行政管理和服务方式，加快推进全国一体化政务服务平台建设。

为深入推进"放管服"改革，全面提升政务服务规范化、便利化水平，更好为企业和群众提供全流程一体化在线服务，推动政府治理现代化。国务院强化顶层设计、强化整体联动、强化规范管理，为加快建设一体化在线政务服务平台出台多份文件。

2018 年 7 月，《国务院关于加快推进全国一体化在线政务服务平台建设的指导意见》（国发〔2018〕27 号）提出，"加快建设全国一体化在线政务服务平台，推进平台规范化、标准化、集约化建设和互联互通，形成全国政务服务一张网"。随后，国务院办公厅发布《国务院办公厅关于切实做好各地区各部门政务服务平台与国家政务服务平台对接工作的通知》（国办函〔2018〕59 号），要求"国务院各部门要按照全国一体化在线政务服务平台统一标准规范及相关工作要求，加快建设完善本部门政务服务平台，并与国家政务服务平台深度对接融合"。

2019 年 4 月，《国务院关于在线政务服务的若干规定》（国令第 716 号）指出，"国家加快建设全国一体化在线政务服务平台，推进各地区、各部门政务服务平台规范化、标准化、集约化建设和互联互通，推动实现政务服务事项全国标准统一、全流程网上办理，促进政务服务跨地区、跨部门、跨层级数据共享和业务协同，并依托一体化在线平台推进政务服务线上线下深度融合"。

为具体部署推动一体化在线政务服务平台建设，国务院办公厅印发多份建设标准和规范，具体如图 8-1 所示。

标准类型	项目编号	标准名称
数据共享	C0126	国家政务服务平台数据交换与共享接口 第1部分：数据交换要求
	C0127	国家政务服务平台政务服务大数据分析模型指南
	C0129	国家政务服务平台政务服务数据编码要求
	C0130	国家政务服务平台政务服务数据整合要求
门户移动端	C0102	国家政务服务平台政务服务门户建设标准
	C0103	国家政务服务平台政务服务移动端建设要求
安全保障	C0116	国家政务服务平台网络安全保障要求
	C0117	全国一体化在线政务服务平台应急保障要求
运维保障	C0132	国家政务服务平台运维保障系统接入要求

标准类型	项目编号	标准名称
电子印章	C0119	国家政务服务平台统一电子印章 签章技术要求
	C0120	国家政务服务平台统一电子印章 印章技术要求
	C0121	国家政务服务平台统一电子印章 接入测试方法
	C0122	国家政务服务平台统一电子印章 系统接口要求
事项	C0109.1	国家政务服务平台政务服务事项基本目录及实施清单 第1部分：编码要求
	C0109.2	国家政务服务平台政务服务事项基本目录及实施清单 第2部分：要素要求
电子证照	C0123	国家政务服务平台证照类型代码及目录信息
	C0124	国家政务服务平台电子证照跨区域共享服务接入要求
身份认证	C0110	国家政务服务平台统一身份认证系统接入要求
	C0111	国家政务服务平台统一身份认证系统身份认证技术要求
	C0112	国家政务服务平台统一身份认证系统信任传递要求
	C0113	国家政务服务平台统一信任服务平台接口要求
	C0114	国家政务服务平台可信身份等级安全要求
	C0131	国家政务服务平台统一身份认证隐私保护要求

图 8-1　国务院办公厅印发 23 份建设标准规范平台建设

2019 年 5 月 31 日，全国一体化政务服务平台即国家政务服务平台上线，平台由国务院办公厅主办，国务院办公厅电子政务办公室负责运行维护。平台上线试运行以来，已汇聚了 31 个省（区、市）和新疆生产建设兵团的 507 万项政务服务事项，以及 45 个国务院部门的 1376 项政务服务事项，提供涵盖电子证照及教育、助残、司法、民政等多项服务。

国家政务服务平台作为全国政务服务的总枢纽，重点发挥公共入口、公共通道、公共支撑三大作用，为全国各地区各部门政务服务平台提供统一政务服务门户、统一政务服务事项管理、统一身份认证、统一电子印章、统一电子证照、统一数据共享和统一安全服务"七个统一"支撑服务，实现支撑"一网通办"、汇聚数据信息、实现交换共享、强化动态监管四大功能，解决跨地区、跨部门、跨层级政务服务中信息难以共享、业务难以协同、基础支撑不足等突出问题。

截至 2021 年 1 月 31 日，国家政务服务平台总浏览量达 133 亿次，注册总人数为 2.02 亿人，支撑市场主体注册用户 484.21 万人，访问用户数超过 10

亿人，平台累计提供证照服务 5.5 亿次。

8.3.2 文化和旅游部一体化政务服务平台

文化和旅游系统认真贯彻落实习近平总书记重要指示精神，按照国务院统一部署，积极推进"互联网＋政务服务"，加快建设统一的一体化在线政务服务平台。通过平台的建设和深入应用，推进政务服务事项"一网通办"，提高政务服务能力和服务水平，便利企业和群众办事创业，进一步深化"放管服"改革，推进政府治理现代化。

文化和旅游部一体化在线政务服务平台，是按照全国一体化平台标准，统筹整合业务系统，统筹利用政务资源，实现政务服务"一网通办"，与全国各地区、国务院各部门互联互通，提供跨地区、跨部门、跨层级的政务服务。2019 年 4 月，一体化在线政务服务平台建设项目召开启动会，正式启动；2019 年 5 月，按照国办要求，完成阶段性建设对接任务；2019 年 6 月，平台第一个应用出境游旅游组团社签证专办员系统上线，政务服务网网页版转入上线试运行；2019 年 8 月，文化和旅游部一体化在线政务服务平台门户移动端 App 上线试运行；2020 年 5 月，文化和旅游部一体化在线政务服务平台建设项目进行竣工验收评审，专家一致同意项目通过竣工验收。

文化和旅游部一体化在线政务服务平台建设紧紧围绕两个目标。第一个目标，坚持以人民为中心，打造顶层设计更完备、协同推进更有力、服务质量更高效、服务方式更便捷的文化和旅游政务服务"一张网"；第二个目标，围绕文化和旅游治理体系和治理能力现代化，聚焦业务流程再造和数据共享，提升行政管理和政务服务的协同能力，推动行政管理和服务提质增效，实现"互联网＋"与政府管理与服务的深度融合。

平台建设过程中定位清晰，具体包括三个定位，即文化和旅游系统政务服务的总门户、业务办理的总平台、政务服务数据交换共享的总枢纽。平台功能分为政务服务一体化、公共服务一体化和服务保障一体化三个部分。其中，政务服务一体化构建面向互联网的政务服务网站及移动端，实现事项集中发布、服务集中提供；公共支撑一体化构建面向部内的业务支撑平台，推动业务协同和数据共享，提高服务效能；服务保障一体化提供运维、安全等服务，保证平台安全稳定。

一是政务服务一体化。集中统一的服务门户是优质高效政务服务的基础。平台依托部政府门户网站，构建政务服务网站和"文旅政务"政务服务移动端（App），分为四个模块：政务服务网、政务服务移动端、事项管理系统、统一单点登录系统。政务服务网是总入口，与国家政务服务网统一标识，提供4类25项政务服务。其中，在线办理类9项，数据查询类10项，投诉举报类2项，其他服务4项。并在国家政务服务网上开通文化和旅游部政务服务旗舰店。"文旅政务"移动端（App）实现政务服务"掌上办""指尖查"，突出旅游出行提示、涉外演出活动等数据查询功能，推动高频事项向移动端延伸。通过事项管理系统，梳理全国文化和旅游政务服务事项，形成标准统一动态更新的行政权力事项目录，为每一个事项赋予唯一编码，事项名称、编码、依据等要素在国家、省、市、县实现"四级四同"。登录统一身份认证系统一次认证，即可全网通办，避免重复登录、重复注册验证。依托国家平台实现自然人和法人单位的实名制办理，做到一次认证全国办理。

二是公共支撑一体化。优质高效政务服务需要改进工作方式、提高服务效能。一体化公共支撑通过系统整合，实现业务协同和数据共享，压缩办理环节、精简办事材料、缩短办理时限。包括统一接受办理、数据共享交换、电子证照三个模块。

统一接受办理系统按照"互联网＋政务服务"技术标准开发，受理、办理、反馈等全流程网上办理，过程全程留痕，数据实时归集。在互联网受理、反馈，政务外网办理，具备电子证照调用、信用核验等功能。已纳入签证专办员管理等4项服务实现统一接受办理。

数据共享交换系统对接业务系统实现数据共享，与全国各省市、各部门数据交换。已有六大类70余项数据共享。并为综合监测与应急指挥平台、"互联网＋监管"系统提供数据支持。

电子证照系统归集生成营业性演出许可证、旅行社经营许可证、电子导游证和签证专办员证四个电子证照，各司局、各省市、各部门均可调用，实现全国互认。

三是服务保障一体化。平台一体化、集约化、标准化提供系统监控、网络安全等服务保障。主要包含三大模块，即数据安全交换、安全保障、运维保障。其中，数据安全交换模块实现互联网和政务外网的安全隔离和信息交换。安全保障模块按照等级保护三级标准构建，提供全方位、多层次安全防护。运维保障模块整合运维资源，统一监控运维。

8.3.3　全国各省文化和旅游在线政务服务平台

31个省级文化和旅游厅（局、委）官网中，除黑龙江省和青海省文化和旅游厅官网，其他29个省级官网在首页均设置文化和旅游在线政务服务入口，具体如政务服务、网上办事、在线办事、一网通办等。

31个省级政务服务平台中，均已提供文化和旅游在线政务服务，具体查找路径基本为"省级政务服务平台—部门服务—省级文化和旅游服务"模式。

31个省级文化和旅游在线政务服务平台中，根据各地实际情况，提供不同大类和事项的服务内容。如北京提供41类大项、天津提供7类大项、黑龙江提供331个事项、江苏提供187个事项等。

省级文旅厅（局、委）官网入口和省级政务服务平台跳转方面，23个省份已实现自动跳转、8个省份无跳转。详见表8-3。

表8-3 全国各省级文化和旅游在线政务服务平台情况

序号	各省（市、区）	省级文旅厅（局、委）官网		省级文旅官网跳转省级政务服务平台情况	省级政务服务平台入口			备注
		官网网址	入口		平台名称	网址	入口	
1	北京	http://whlyj beijing.gov.cn/zwfw/jggs/	政务服务（热门服务、个人服务、法人服务）	无跳转	北京市政务服务网	http://banshi.beijing.gov.cn/pubtask/bmfw.html?locationCode=110000000000	北京市部门服务－市文化和旅游局	41类大项
2	天津	http://whlyj.t j.gov.cn/WS BS YZX BS4230/W MF W 8706/ BSTD1941/	网上办事	无跳转	天津网上办事大厅	https://zwfw.tj.gov.cn/#/home	部门旗舰店－市文化和旅游局	7类大项
3	河北	http://www.hebeitour.gov.cn/	政务服务	跳转	河北政务服务网	http://www.hbzwfw.gov.cn/hbzw/foursxcx/itemList/bm_index.do?webId=1&deptid=13220	部门选择－省文化和旅游厅	
4	山西	http://wlt.shanxi.gov.cn/	在线办事	跳转	山西政务服务平台	http://www.sxzwfw.gov.cn/icity/icity/departmental_matters?deptid=1900	部门频道－省文旅	34个事项
5	内蒙古	https://wlt.n mg.gov.cn/	政务服务	无跳转	内蒙古政务服务网	https://zwfw.nmg.gov.cn/?record=istrue	直通部门－自治区文化和旅游厅	
6	辽宁	http://whly.l n.gov.cn/	在线办事	跳转	辽宁政务服务网	https://www.lnzwfw.gov.cn/bmym/?groupId=1121000001099954Y&gb=1	部门－省文化和旅游厅	
7	吉林	https://www.baidu.com/s?wd=%E5%90%89%E6%9E%97%E6%96%87XE6%97%85%E5%8E%85 &tn=680189 01_3_oem_d g&ie=utf8	政务服务	跳转	吉林省网上办事大厅	http://zwfw.jl.gov.cn/jlszwfw/cksx/?deptId=1122000000MB15723 0X9	部门选择－吉林省文化和旅游厅政务服务窗口	

续表

序号	各省（市、区）	省级文旅厅（局、委）官网		省级文旅官网跳转省级政务服务平台情况	省级政务服务平台入口		入口	备注
		官网网址	入口		平台名称	网址		
8	黑龙江	http://wlt.hlj.gov.cn/	无	无跳转	黑龙江政务服务网	https://www.zwfw.hlj.gov.cn/	部门导航－省文旅厅	共 331 个事项，可在线办理 323 项
9	上海	http://whlyj.sh.gov.cn/	一网通办	跳转	上海一网通办	https://zwdt.sh.gov.cn/govPortals/municipalDepartments/SHLYSH	部门－市文化和旅游局	7393 条评价
10	江苏	http://wlt.jiangsu.gov.cn/	政务服务	跳转	江苏政务服务网	http://www.jszwfw.gov.cn/jszwfw/qlqd/deptlist.do?webId=1&type=&deptId=11320000014000271Q#fw_jump	部门－省文化和旅游厅	事项：187，办事指南：238
11	浙江	http://ct.zj.gov.cn/	在线办事	跳转	浙江政务服务网	https://www.zjzwfw.gov.cn/zjservice/dept/deptQueryPage.do?deptId=00100023&webId=1	部门服务－省文化和旅游厅	
12	安徽	https://ct.ah.gov.cn/	政务服务	跳转	皖事通办	https://www.ahzwfw.gov.cn/bog-bsdt/static/workProcess/departmentHoem.html?deptCode=340001039000000000&ssqdZoneCode=340000000000	部门选择－安徽省文化和旅游厅	
13	福建	http://wlt.fujian.gov.cn/	办事服务	跳转	福建省网上办事大厅	https://zwfw.fujian.gov.cn/province-dept/index?type=2&siteUnid=7667B814DDD58185DAC0BFF3017D632&randomNum=0.2308447739068591	省级部门－福建省文化和旅游厅	

续表

序号	各省（市、区）	省级文旅厅（局、委）官网		省级文旅官网跳转省级政务服务平台情况	省级政务服务平台入口			备注
		官网网址	入口		平台名称	网址	入口	
14	江西	http://dct.jiangxi.gov.cn/	在线办事	无跳转	江西政务服务网	http://www.jxzwfww.gov.cn/jxzw/czbm/index.do?webId=1&orgCode=3600C00018	省级部门－江西省文化和旅游厅	累计收件1087件，累计办件1087件
15	山东	http://whhly.shandong.gov.cn/	在线办事	跳转	全国一体化在线政务服务平台山东	http://www.shandong.gov.cn/a pi-gateway/jpaas-jiq-web-sdywtb/front/item/bmft_index?orgCode=SD370000WH&deptName=省文化和旅游厅	部门－省文化和旅游厅	共286个事项
16	河南	https://hct.henan.cn /	政务服务－行政服务审批大厅	跳转	河南政务服务网	https://www.hnzwfw.gov.cn/portal/department/0010020152?creditCode=11410000MB184862 8G	部门－省文化和旅游厅	
17	湖北	https://wlt.hubei.gov.cn/	办事服务	跳转	湖北政务服务网	http://zwfw.hubei.gov.cn/webiew/bszn/bmsy.html?department=11420000MB15680365	部门－省文化和旅游厅	

续表

序号	各省（市、区）	省级文旅厅（局、委）官网		省级文旅官网跳转省级政务服务平台情况	省级政务服务平台入口			备注
		官网网址	入口		平台名称	网址	入口	
18	湖南	http://whhlyt.hunan.gov.cn/	办事服务	跳转	湖南一件事一次办	http://zwfw-new.hunan.gov.cn/onething/service/index.jsp?type=xndtbm&orgld=126b90flce794219a5b4b55edd130635&main=1&orgname=%2525u7701%2525u6587X2525u65C5%2525u5385&typeid=126b90flce794219a5b4b55edd130635&typename=%2525u7701%2525u6587%2525u65C5%2525u5385&areacode=4390000000 00	部门-省文化和旅游厅	服务事项114项，其中主项49项、业务项65项，60项可在线办理
19	广东	http://whly.gd.gov.cn/	政务服务	跳转	广东政务服务网	https://www.gdzwfw.gov.cn/portal/branch-hall?orgCode=MB2C87614	部门服务-省文化和旅游厅	
20	广西	http://wlt.gxzf.gov.cn/	网上办事	跳转	广西数字政务一体化平台	http://zwfw.gxzf.gov.cn/gxzwf w/bmft/bmftList.do?deptCode=11450000MB18984657&webld=1	部门-自治区文化和旅游厅	共41个主项，47个子项，可在线办理47项，可在线预约2项

续表

序号	各省（市、区）	省级文旅厅（局、委）官网		省级文旅官网跳转省级政务服务平台情况	省级政务服务平台入口			备注
		官网网址	入口		平台名称	网址	入口	
21	海南	http://lwt.hainan.gov.cn/	政务服务	跳转	海南政务服务网	https://wssp.hainan.gov.cn/hnwt/department?regionId=HZ2881f4424539dd0142453c856b0025&orgId=HZ28810342adda630142b10bebe2039d&serviceSubType=org	部门服务-省旅文厅	
22	重庆	http://whlyw.cq.gov.cn/	渝快办	跳转	重庆市网上办事大厅	https://zwykb.cq.gov.cn/sxqd/szqlfwqd/?orgcode=500000130	部门-市文化和旅游委	
23	四川	http://wlt.scgov.cn/	办事服务	跳转	四川政务服务网（试运行）	http://www.sCZwfw.gov.cn/jiq/front/item/bmft_index?deptCode=8283084&areaCode=5100000000000	直通部门-四川省文化和旅游厅	共248个事项其中7个事项可在线申办
24	贵州	http://whhly.guizhou.gov.cn/	网上服务	无跳转	贵州政务服务网	https://zwfw.guizhou.gov.cn/bmqjd/35066.html?areacode=520000	省级部门-贵州省文化和旅游厅	
25	云南	http://dct.yn.gov.cn/	政务服务-政务服务窗口	跳转	云南政务服务网	https://zwfw.yn.gov.cn/portal/#/work-service/department-matters?orgCode=5300000000_11530000015100485U	部门-云南省文化和旅游厅政务服务窗口	本部门共77个政务服务事项，其中：行政许可47个，行政确认4个，公共服务7个

续表

序号	各省（市、区）	省级文旅厅（局、委）官网		省级文旅官网跳转省级政务服务平台情况	省级政务服务平台入口		入口	备注
		官网网址	入口		平台名称	网址		
26	西藏	http://lyfzt.xizang.gov.cn/	政务服务	跳转	西藏政务服务网	https://www.xzzwfw.gov.cn/portal/bszn/fwbm/list.shtml?siteId=1&type=1&serverType=2&dictOid=297e39606b66113d016b6657d863032&bm= 区旅游发展厅	部门 - 区旅游发展厅	共9个事项，其中在线申办9项可在线申办
27	陕西	http://whhlyt.shaanxi.gov.cn/	在线办事	跳转	陕西政务服务网	https://zwfw.shaanxi.gov.cn/sx/department/index?id=016000400&name= 省文化和旅游厅	部门分厅 - 省文化和旅游厅	
28	甘肃	http://wlt.gansu.gov.cn/	办事服务	无跳转	甘肃政务服务网	https://zwfw.gansu.gov.cn/gszwfw/ssqd/shengzhibumenshixiang/deptlist.do?deptCode=11620000MB1731999G	省直部门 - 省文化和旅游厅	
29	青海	http://whhly.qinghai.gov.cn/	无	无跳转	青海政务服务网	http://zwfwj.qinghai.gov.cn/department_window.html?ouguid=70cf44e-a99e-41bb-9aa8-4fd05242536b&ouname= 省文化和旅游厅	部门 - 省文化和旅游厅	
30	宁夏	http://whhlyt.nx.gov.cn/	网上办事	跳转	宁夏政务服务网	https://zwtw.nx.gov.cn/nxzw/bmbssxList.jsp?urltype=tree.TreeTempUrl&wbtreeid=4365&deptld=ZZQ1106	部门办事 - 自治区文化和旅游厅	事项总数79，不见面办理项数74
31	新疆	http://wlt.xinjiang.gov.cn/	网上办事	跳转	新疆政务服务网	https://zwfw.xinjiang.gov.cn/departmentnew.html?orgcode=1165000001018365OJ&orgname= 自治区文化和旅游厅&orgshortname= 文化和旅游厅	部门 - 自治区文化和旅游厅	共155项

8.4 "一机游"为代表的各地文化和旅游公共服务平台

"一机游"模式是由政府引导、企业参与、市场主导，以数字科技手段为驱动，以旅游目的地为核心，通过资源数字化、数字产业化、产业数字化为主线，利用大数据、云计算、人工智能、区块链、物联网等技术，深耕旅游目的地智慧化管理、服务和游客体验，全面提升旅游部门的现代化治理能力、涉旅企业的精准服务水平和游客的多元化旅游体验，形成开放共享、合作共赢的全域旅游数字生态共同体。

早在 2017 年，云南省旅游业频遭投诉，为解决差评率问题，省政府联合腾讯开启"一部手机游云南"（后简称"一机游"）项目建设，在国内首次建立政府主导的省域移动互联网端文化和旅游公共服务与管理体系。"一机游云南"经过几年迭代升级，基于微信打通了城市服务的巨大流量，采用平台商户零佣金和"T+0"结算周期，为涉旅企业带来真正便利，投诉解决时效性和退货便利性得到游客普遍认可。

近年来，其他省区市也陆续启动了"一机游"平台建设。截至目前，全国 24 个省区市正在建设或已上线省级具有"一机游"特征的文化和旅游公共服务与交易平台，覆盖率达 74.2%（表 8-4）。目前建设投入使用较好的有：贵州"一码游"、江苏"苏心游"、江西"游江西"、山西"游山西"、四川"智游天府"等。各省级"一机游"平台正逐步实现旅游资源与要素的有机融合，创新文化和旅游信息服务方式，推进了文化和旅游行业新型基础设施建设与数字化转型。

表 8-4　全国"一机游"平台建设详细表

序号	省份	平台名称	年份	序号	省份	平台名称	年份
1	北京	—	—	17	湖北	游湖北 App、小程序	2021
2	天津	—	—	18	湖南	游潇湘 App	2019
3	河北	乐游冀 App	2021	19	广东	—	—
4	山西	游山西 App、小程序	2019	20	广西	一键游广西 App	2021
5	内蒙古	—	—	21	海南	智游海南 App	2020
6	辽宁	—	—	22	重庆	重庆文旅口袋云 App	2019
7	吉林	—	—	23	四川	智慧天府 App、微信公众号、小程序	2020
8	黑龙江	趣龙江 App	2019	24	贵州	"一码游贵州"小程序	2020
9	上海	游上海 App	2019	25	云南	"一部手机游云南" App	2018
10	江苏	苏心游 App	2020	26	西藏	西藏游 App	2020
11	浙江	浙里好玩（浙里办 – 浙江政务服务 App）	2020	27	陕西	陕西旅游 App（安卓）	2016
12	安徽	皖游通 App	2016	28	甘肃	"一部手机游甘肃" App	2018
13	福建	全福游 App	2019	29	青海	—	—
14	江西	云游江西 App	2020	30	宁夏	"一部手机游宁夏" App	2020
15	山东	"好客山东　云游齐鲁" App	2021	31	新疆	游新疆 App	2020
16	河南	"一部手机游河南" App	2019				

8.4.1　部分地方"一机游"平台介绍

（1）贵州全域智慧旅游平台。"一码游贵州"小程序是贵州全域智慧旅游平台，为广大游客提供"食、住、行、游、购、娱"等方面的智慧旅游服务，全面提升游客的入黔旅游体验（图8-2）。

图 8-2　"一码游贵州"小程序界面

"一码游贵州"以游客为中心、以"一码"为平台、以企业为主体、以政府为支撑，具有三个突出优势和特点：一是"轻"，即载体轻型，以轻量化微信小程序为入口，为游客省去下载 App 占用内存、流量和时间的烦恼，只需扫描微信二维码即可快捷登录平台主页面，实现"慧游贵州、扫码即达"；二是"全"，即功能全面，依托"互联网＋旅游"，建立全要素全方位全流程贵州文化和旅游信息资源库，覆盖游客在贵州的游前、游中、游后各项需求，基本实现现有涉旅数据全覆盖，可为游客提供智慧型多样化一站式服务；三是"便"，即操作便捷，使用门槛低，可以自动识别游客扫码时所处的位置，提供个性化推荐和订阅内容，精准推送目的地旅游的相关信息和服务，让游客感受"一码千景、千景千面"。

除此之外，"一码游贵州"在景区导游导览、特色旅游商品推介、酒店预订、交通服务、旅游咨询、厕所查找等方面为游客朋友提供更加多元、智能的服务，开启健康、便捷、智慧化的多彩贵州之旅，让游客放心、安心和舒心。同时，也将为全省旅游管理决策提供更加全面、更加精准的资讯。

目前，该平台已收录全省 415 家 A 级旅游景区、酒店、文化场馆、餐饮、民宿、景区手绘地图、精品路线、攻略指南等 2 万多条基础数据，全面覆盖游客在贵州的门票预约、旅游咨询、语音讲解、公服定位、投诉建议等多项服务。此外，"一码游贵州"另一大特色就是平台将基于 LBS 定位功能，自动识别游客扫码时所处的地理位置，为游客精准推送当地旅游的相关信息和服务，真正实现方圆之间，触手可及。

图 8-3　"一部手机游云南" App 界面

（2）一部手机游云南。"一部手机游云南"是由云南省与腾讯公司联合打造的云南全域智慧文旅平台。该项目利用物联网、云计算、大数据、人工智能等技术，深耕智慧化旅游体验，旨在整治旅游行业乱象、推动旅游产业升级，实现"游客体验自由自在、政府管理服务无处不在"的目标，为云南打造一个智慧、健康、便利的省级全域旅游生态。目前，已建成一个云南文旅大数据中心，一个旅游综合管理平台"一部手机管旅游"，一个旅游综合服务平台"游云南"App。

游客到云南旅游，通过 App、公众号和小程序，就可享受"食、住、行、游、购、娱"各环节"一键订单""一码通行""一键投诉"，享受覆盖旅游之前、之中、之后的全过程、全方位、全景式服务。

出游前，游客可在手机上远程观看景点 24 小时实时直播，到达景区后，游客可在手机上扫码购票、刷脸入园，游玩时，则能通过 AI 识景长知识。

除此之外，游云南平台还可以帮助游客规划行程、查找厕所、智能订车位和无卡乘坐本地公共交通，旅途中，如果游客的合法权益受损，或者遇到困难和危险，可以一键投诉与求助，实时查看反馈结果。

8.4.2 各地文化和旅游公共服务平台存在的问题

一是建设定位较为模糊。"一机游"平台普遍由省级文化和旅游主管部门牵头、委托省属文旅企业或第三方公司建设和运营。各地市一级平台、各文化和旅游市场（例如博物馆、旅游景区等）实体往往也在建设所辖区域"一机游"项目，多层级"一机游"平台之间层级、逻辑关系需要重新梳理。同时，"一机游"是以信息公共服务为主，还是公共服务与交易属性兼具，也是需要明确的问题。由于目前国内针对"一机游"平台建设信息化规划千篇一律，诸多省份不愿找专业的规划机构来做前期的顶层设计，而是由集成商自己负责。而此类平台的建设在前期规划的过程当中往往使用通用方案，并不具备特殊性以及定制化特点，不能与当地实际紧密结合，无法满足游客的个性化需求，导致用户的认可度较低。

二是建设和运营水平参差不齐。就当前全国"一机游"模式建设情况来看，以江浙沪粤为首的东南部旅游发达地区信息化程度相对较高，而西部偏远地区，如青海、宁夏、西藏等省区信息化程度普遍不高，空间发展不均衡；与此同时，国内各区域信息化水平并不平均，开发比较成熟的旅游目的地和仍处于开发初期的旅游目的地之间的信息化水平差异较大；除此之外，"一机游"模式所覆盖的多个行业主体之间也存在信息化水平参差不齐的缺陷。例如，火车机票、酒店民宿预订等线上化程度高达80%，信息化水平较高，而针对以旅游景区为首的旅游行业而言，其信息化水平不高，一些景区的线上预订比例非常低，部分景区甚至尚未投放至线上平台。

三是政府主导的"一机游"平台与市场化平台的关系仍待厘清。一方面，省级"一机游"平台的交易属性不得不面临市场化平台的激烈竞争。以携程、美团为代表的市场化OTA平台经过多年发展，已经在文化和旅游市场用户端形成了较为成熟、固化的文化和旅游使用和消费场景。从互联网服务获客的成本和用户心智养成的角度看，如何让游客从其习惯的固有平台迁移到后生的"一机游"平台进行交易也是需要面对的问题。另一方面，OTA在服务范围、用户习惯、运营水平甚至资金投入等方面较之政府端"一机游"优势明显，两者在市场方面实际存在竞合关系。

四是文化和旅游融合程度不高。大部分"一机游"平台核心功能是为游客提供食、住、行、娱、购等一系列旅游线上服务。仅有少数平台提供公共文化场所预约、信息服务等功能，依托线上为公众提供公共文化服务的服务模式有待厘清。作为各地文化和旅游在线公共服务平台，需要在线上公共文化服务方面加强建设。

8.5 文化和旅游资源统一预约服务

我们对线上政务服务平台——一体化政务服务平台、"一机游"为代表的地方文化和旅游公共服务平台的功能和问题进行分析，可以看出在已有线上政务服务和公共服务的基础上，构建全国统一的文化和旅游公共服务平台已成为可能。但线上公共服务平台到底提供哪些服务呢？笔者认为可以从文化和旅游资源统一预约服务做起。有以下几方面考虑：一是现有"一机游"平台基本具备旅游景区预约功能，部分还将文化场所如博物馆、图书馆纳入，基础较好，只需进行整合联网，全国统一的预约服务即可初步成型。二是文化和旅游行业面向公众提供服务，不论是景区、博物馆还是文艺演出，票务、预约都是面向人民群众提供的第一项服务，这是文化和旅游行业共性特征。三是预约票务线上技术成熟，基本实现了线上化，只需统一标准化后，即可开始联网。因此文旅资源的预约以及后续票务是很好的突破口。

8.5.1　文化和旅游资源线上预约现状

（一）文化和旅游管理部门所属文化单位线上预约情况

在部级直属单位方面，有 93.75% 的文化和旅游部相关直属单位可以进行线上预约，而 6.25% 的直属单位无线上预约服务，并且部分直属单位较早开始探索预约旅游，拥有实施线上预约的基础。中国美术馆 2009 年通过网络端开始预约，后在 2014 年开发微信端预约。在疫情发生后，中国美术馆预约服务效果明显；2011 年故宫博物院开始正式网络预售门票；2018 年文化和旅游部恭王府博物馆实施"线上 + 线下"预约入馆，2020 年正式实施线上预约。国家博物馆 2019 年启动实名预约参观，系统主要分为预约系统与公共服务的统一身份认证系统，支持提前和现场预约。目前，国家博物馆正在筹备预约系统的二期建设。国家图书馆 2020 年以"读者使用方便，入馆核验方便"的原则开发微信预约系统，现微信预约占总名额的 90%。除此之外，部分文化和旅游部相关直属单位取消线下售票，积极实施线上预约。

省文化和旅游厅（局）直属单位方面，全国 82.19% 的文化和旅游厅（局）相关直属单位实现线上预约服务。其中，15 个省文化和旅游厅（局）相关直属单位超过全国文化和旅游厅（局）相关直属单位平均预约率，且各省市文化和旅游厅（局）相关直属单位预约率相差不大，预约水平较为相似。

其中湖北省、福建省、上海市、广东省文化和旅游厅（局）线上预约率达到100%，相关直属单位全部实现预约。

从地域来看，华南地区文化和旅游厅（局）相关直属单位线上预约率最高，可达到92.31%；其次为东北地区，其预约率为86.36%；多数地区文化和旅游厅（局）相关直属单位预约率可达到80%。与其他地区相比西北地区相关直属单位线上预约率较低，为69.44%。

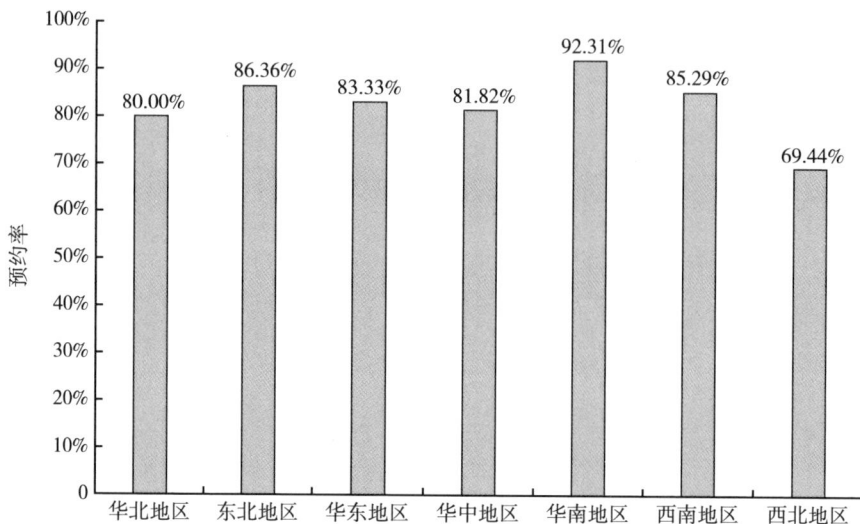

图 8-4 各地区文化和旅游厅（局）相关直属单位实现线上预约情况

（二）国内旅游线上预约情况

根据全国旅游景区预约调度管理平台，2021年7681家景区（场馆）具备预约功能，约为2020年具备预约功能的景区（场馆）数量的2倍。据统计，83.60%的景区具备预约功能，16.40%的文化场馆具备预约功能。同时，2021年景区、场馆预约总数接近1.6亿次。此外，景区预约逐渐受大众认可，游客游玩舒适度与确定性也获得提升。根据文化和旅游部数据中心统计，77.4%的游客通过预约游览景区，74.1%的游客认为预约旅游"体验很好"。线上预约有助于改善游客体验，可以实现人流错峰入园，大大缩减了游客旅游时间、旅游服务消费等，提高了游客的游览体验感。景区通过门票实时监测，可精准把控人流，节省了游客排队时间，缓解了游览"人山人海"的拥挤情况，提升了旅游者参观质量，优化了游客旅游体验。其中河北省具备预约功能景区（场馆）数量最多，接近 1500 家景区（场馆）。2020 年，河北省文化和旅游厅正式启用文旅分时预约平台，推行门票预约管理制度，引导游客提早预约，错峰预约。为适应不同用户的使用习惯，平台打造"乐享冀""畅游冀"两个微信小程序，引导所有来冀游客进入景区、公共文化服务场馆之前，须使用其中的任意一个进行登记预约，方可参观游览。

5 月与 10 月是全国旅游景区（场馆）预约高峰。在线预约、分时预约成为景区控制客流的有效手段，5 月与 10 月成为全国旅游景区（场馆）预约高峰。此外，2 月与 4 月成为全国旅游景区（场馆）预约另外两个小高峰，同样与春节和清明节等节假日有关。由此可见，"预约旅游"逐渐成为新趋势，全国各省份对于小长假景区（场馆）预约峰值进行控制，为旅游点迎客留出余地，确保服务的有序与稳定。

全国旅游景区预约次数 TOP100 中，人文景观类为人民群众预约景区（场馆）的主要类型。人文景观类景区具有悠久的历史以及文化底蕴对游客有更强的吸引力，通过深度体验地方多样化文化资源，成为游客喜爱的出游方式。与此同时，海南分界洲岛旅游区预约次数遥遥领先于全国旅游景区（场馆）（表 8-5）。海南分界洲岛保留电话预约同时可通过微信公众号、OTA 预订门票，以满足各种类型游客预约需求。

表 8-5　2021 年全国旅游景区预约总次数 TOP 前 10

省份	景区名称	预约总次数（次）
海南省	海南分界洲岛旅游区	8054634
重庆市	重庆市洪崖洞民俗风貌区	7457853
四川省	青城山—都江堰旅游景区	4714529
河南省	郑州银基国际旅游度假区	4564836
广东省	广州市长隆旅游度假区	4311764

省份	景区名称	预约总次数（次）
陕西省	秦始皇帝陵博物院	3727117
重庆市	重庆磁器口古镇	3261776
四川省	丹巴县甲居藏寨旅游景区	2962336
湖南省	岳麓山	2799671
四川省	乐山大佛风景名胜区	2769640

数据来源：文化和旅游部信息中心

景区预约是行业精细化管理的重要技术手段，可促使景区利用新技术解决管理难题，提升精准营销水平，助力高质量发展。2011 年 9 月 25 日，故宫开始实行网络售卖门票，2015 年 6 月 13 日，故宫推行分时、限流、实名制参观，成为景区门票预约制的标杆。2015 年故宫全面实行预约旅游、当日限流 8 万人次的政策后，全年游客总量非但没有下降，平均每年有 10%~15% 的客流增长。2019 年，故宫客流达 1900 万人次，是未实施电子票之前的 1.58 倍。限流是手段，目的是均衡，削峰是填谷。泰山景区线上预约率突破 85%，2021 年"五一"接待游客 20 多万人次，其中单日游客量最高峰与单日最低峰，峰值差 1.8 万人次。2019 年，同一时期泰山上述数据，峰值差 3.7 万人次。两相比较，2021 年峰值猛降 50%，泰山之所以能够实现削峰平谷，得益于线上预约的实施。对于景区行业来说，线上预约依托互联网平台的预约购票系统，可以更加科学地对景区进行管理，"削峰平谷"的客流引导，实现客流调配，达到错峰目的，为景区行业带来持久的经济收益。

8.5.2 文化和旅游资源线上预约现存问题

一是预约信息相对分散。文化和旅游预约信息相对分散是文化和旅游政务服务的空白之处。其中文化类场所诸如博物馆、图书馆、剧场等，多以自建微信公众号或官网作为预约入口；以景区为代表的旅游场所则主要依托市场化 OTA 平台、省级或景区自建平台作为预约入口。文化和旅游场所预约资源的分散性导致了游客在进行预约操作时，需要跳转多个微信公众号、官网以及 App 进行文化和旅游资源预约信息的查询，同时也要面临多个平台的信息比对问题，这为游客在观光游览的过程中增加了信息查询的烦琐操作，可能出现信息不对称和线上预约体验不佳，促使游客满意度降低。同时，文化和旅游行业各部分预约水平参差不齐，预约管理源头分散，预约信息封闭，各省份之间的信息如同"孤岛"，难以连成"大陆"，也导致了管理部门之间不能相互连通，信息收集效率不高。

二是文化和旅游资源预约成本较高。预约制度成为当前文化和旅游行业管理的重要手段。我国很多景区早已开始致力于分时预约制售票，如北京故宫、茶卡盐湖、敦煌莫高窟、中国美术馆等文化和旅游相关场所，并做到更科学、有效、精准地管控游客流量。但预约制度主要集中于巨型文化和旅游场所，对于中小文化和旅游相关场所需要大量的技术、资金投入。如果单靠景区或文化场所单一力量搭建平台难以完成，无疑增加了文化和旅游相关场所的成本支出。另外，市场化 OTA 平台整合了全国旅游资源并已形成了统一入口，用户更习惯通过 OTA 进行景区等旅游资源预约和预订，省级预约平台目前普遍存在异地游客信息迁移成本较高的问题，对于外地游客如何获知该省资源预约平台入口存在习惯和认知方面成本。

三是文化和旅游预约管理较为困难。一方面，目前各级行业主管部门对于预约情况了解程度较为模糊。省级预约平台主要依托其"一机游"平台作为资源预约的入口，主要存在"重旅游、轻文化"的情况，主要定位为面向外地游客的旅游资源预约，而对文化资源预约的整合稍显不足；另一方面，数字化转型管理较为模糊，仍面临着诸多理论和现实层面的问题尚待解决。例如，由于数字化时代文化和旅游行业正在经历深刻的技术变革，部分文化和旅游企业存在把局部科技在企业的部分应用于数字化的"完全改变"，并随着新的科技成熟，再启用一批新的科技热词作为核心项目进行开发等问题。因此，如何寻找数字化手段进行管理，以何作为管理数字化转型的重要抓手和阵地，也制约了目前全国统一的文化和旅游资源预约平台的落地。

近期，文化和旅游场所是否需要预约问题引起人民群众广泛关注，有些不合理线上预约措施社会反响强烈，有的热门景区和文化场所出现预约难、黄牛泛滥等问题，有的线上预约服务界面烦琐，存在过度采集个人信息现象。这些问题的很大原因是在国家层面缺少统一标准和平台，各景区、文化场所各自独立建设，导致公众预约操作体验各异，大部分操作进行各类实名制操作，这些实名制公民信息又分散保存，既烦琐又有信息泄露的风险。

公众广泛质疑的景区、文化单位是否需要预约的问题，笔者认为，预约服务除解决大客流导致拥堵外，还有文化和旅游各单位内部统计、收集服务对象信息等作用，应该辩证来看这个问题，采取针对性措施，分类施策，不断优化线上服务质量。一是对于接待压力大的热门文化和旅游场所和热门时段，采取线上预约措施，并根据实时情况分析研判，实时调整措施。对于接待压力较小的场所和时段，不强制要求预约，但要保留线上预约功能，鼓励公众预约并与场所运营方互动。二是采取措施优化线上预约服务。出台统一标准，建设统一预约平台，实现一个平台，一次性实名制认证可以预约全国文化和旅游场所。打通预约与票务流程，做到预约购票一次性完成。三是整合更多线上服务。以线上预约为切口，提供更多线上公共文化和旅游服务，比如活动报名、信息服务、智能化服务等，增强公众使用线上服务黏性，不断提升线上文化和旅游公共服务水平。

8.6 全国统一的文化和旅游线上公共服务平台设计

8.6.1 建设思路

全国统一的文化和旅游线上公共服务平台建设思路是以文化和旅游一体化在线政务服务平台为基础，整合各地"一机游"文旅在线公共服务平台，以文化和旅游资源线上预约服务为突破口，初步建成平台并提供服务，以平台为阵地，不断推出更多文化和旅游线上服务，实现全国一体化的线上文化和旅游公共服务。

文化和旅游部一体化在线政务服务平台依托国家一体化平台体系开展建设，坚持公益性优先，在目前已有建设基础上，实现国家平台、部级平台和地方平台的纵向互联互通，做到不同层级平台之间的数据流通和机制协调；落实全国实名制统一身份认证的要求，加强与电子身份证、医保卡、社保卡等身份认证平台的横向互联互通，建立统一、整体、高效的便民服务平台。

目前，各省一方面根据文化和旅游部统一要求建设了本省一体化在线政务平台；另一方面也在积极推进兼具公共服务和旅游市场交易属性的"一机游"平台建设。24个省区市均先后建立了类似的省级文化和旅游移动端信息平台，面向游客和本地市民提供文化和旅游信息服务。文化和旅游线上公共服务平台建设，应该以试点形式，实现国家平台、部级平台、地方平台的三级互联互通，做到政务服务一体化、公共支撑一体化、服务支撑一体化。

为更好地指导全国各级政务服务平台建设，强化全国一体化在线政务服务平台功能，提升用户服务体验，全国行政审批标准化工作组制定了国家标准《政务服务平台基本功能规范》（GB/T 39047—2020）。根据此标准要求："（政务服务平台）应提供自然人、法人和其他组织登录认证实名制功能，保证政务服务平台用户信息的真实、合法和有效。"因此，文化和旅游线上公共服务平台建设应严格落实实名制要求。并依托现在省级预约机制，建立部委层面统一的文化和旅游资源预约入口，与各省及直属单位形成预约功能的跳转逻辑，可以有效降低前期"平台"预约资源接入的实现成本，后续将从实名认证机制、界面风格、操作流程等方面逐渐形成统一的标准。通过覆盖全国实名制统一身份认证，加强与电子身份证、医保卡、社保卡等身份认证平台的互联互通，建立统一、整体、高效的便民服务平台。

文化和旅游线上公共服务平台在满足游客用户预约、预订需求的同时，应基于用户数据，主动分析游客行为特点和偏好，并将相关需求反馈给地方平台和相关市场主体。同时应关注用户预约和预订过程中的有关反馈建议，以不断完善更新文化和旅游场所的基础设施，在实现数据共享的同时有效提升服务效率和管理水平。文化和旅游线上公共服务平台建设积极响应我国当前对于政府治理工作朝数字化转型的要求，助力政府管理部门准确掌握全国文化和旅游公共服务资源使用数据和市场运行态势，帮助文化和旅游部等政府管理部门对于公共文化和旅游资源实现精准管理与合理配置，实现数字化治理。对于市场及行业主体来说，文化和旅游线上公共服务平台建设有助于提升整体行业的数字化程度和线上化水平，便于旅游景区和相关管理部门对于旅游目的地和旅游景区的人流管控，并对其承载力进行有效实时监测，有利于提升市场与行业主体在管理层次上的精细化程度。对于公众及游客而言，文化和旅游线上公共服务平台建设能够为其提供更加权威、更加及时、更加准确的信息服务，有助于公众可以充分了解公共文化和旅游资源的实时负载与占用情况，辅助游客进行决策，提升游客的公共文化和旅游服务体验和便捷度。

8.6.2　建设原则和关键问题

坚持全国统一预订平台建设的必要性和公益性原则。在市场化平台之外，提供一套基于公益属性和政府公共服务属性结合的文化和旅游线上预订（预约）服务有其合理性，既是对市场化平台健康发展的有力促进，也是对资源方拓宽分销途径的一种选择，实质性地将各文化和旅游场所自建平台分散化、私域化进行了资源整合，形成更大的社会影响力和用户知名度。同时，由于其所具有的公益属性和公共服务的特点，也需要政府有持续性的建设投入，将其纳入财政统筹的常态化建设和运营预算中，维持信息化公共服务平台的常态化运营。

文化场所资源预订（预约）的市场化空白，是建设文化和旅游线上公共服务平台的一个合适切入点；同时，作为文化和旅游管理部门的直属单位也在市场化平台方面存在资源供给缺失或不足，这些都是政府提供官方的全国统一预订（预约）的服务价值所在。

景区行业由于市场化程度较为充分，游客对价格也存在较为敏感的特点，政府可以依托官方平台开展常态化刺激消费的活动，以发放消费券、优惠券、福利券等多种方式给予补贴。政府的政策性补贴也是平台后期运营较之市场化平台具有差异化价值的体现。

长期以来，景区票务销售渠道是在市场化环境下成长壮大的，其票务渠道和数据交换均遵循市场化原则建设。景区本身在管理的归口方面具有多头管理的特点，如何通过市场化手段与行政手段相结合的方式，调动众多景区进入全国平台的资源，并且能够形成商业模式与对其确实有价值的支撑效应，是促使其有积极性愿意参与全国预订平台建设的关键和难点。

需要连通各景区最终的"票仓"，实现数据的统一共享与实时同步，并且能够在全国平台实现景区订单数据的管理，这需要各景区与省级平台实现预订数据的实时回调，能够打通全国、省、景区三级之间的数据共享与同步。以景区为代表的旅游资源方是否有意愿接入官方的票务平台，以渠道的形式接入是否具有充分的吸引力，当地景区配合程度及分散的景区资源整合的力度，以及接入的规范性和标准化程度也直接决定了后续省级平台用户使用体验和数据的覆盖性，这些也是后期需要重点考虑的因素。

8.7　文化和旅游线上公共服务平台运营模式和思路

作为文化和旅游管理部门推动建设的全国统一的文化和旅游资源预约平台，需要从三个层面进行方案的设计与建设：一是文化和旅游部直属单位；二是各省文化和旅游厅（局）下辖的旅游景区；三是各省文化和旅游厅（局）下辖的文化场馆。这三种类型资源由于其隶属关系、市场化程度、预约建设基础等方面的差异，需要分为三种模式进行规划和实施。以下分别从文化和旅游部直属单位、文化资源、旅游资源出发，探讨不同建设和实施思路。

8.7.1　文化和旅游部直属单位接入及运营思路

文化和旅游部具有开放、参观属性的直属单位主要包括：国家图书馆、故宫博物院、国家博物馆、中国美术馆、恭王府博物馆、梅兰芳纪念馆。经过调研，其均不同程度建设了自己的预约或预订系统，主要通过官网、微信公众号、小程序等渠道进行票务预订（预约），与市场化平台合作较少。该类文旅场所基本为国家级场所，具有较好的公众认知度和稳定的客流。可依托一体化在线政务平台前期建设基础，通过个人实名制认证方式登录，并通过与直属单位自建票务预订（预约）平台对接，实现票务预订跳转到直属单位平台进行（图 8-5）。同时，后续退订、投诉等事宜处理功能，也由直属单位自建平台负责处理，一体化在线平台负责在其页面的账户系统中显示票务订单信息及投诉处理进度。两个平台之间实现过程和状态数据的同步保证了用户在一体化在线政务平台具有较为完整的用户体验。

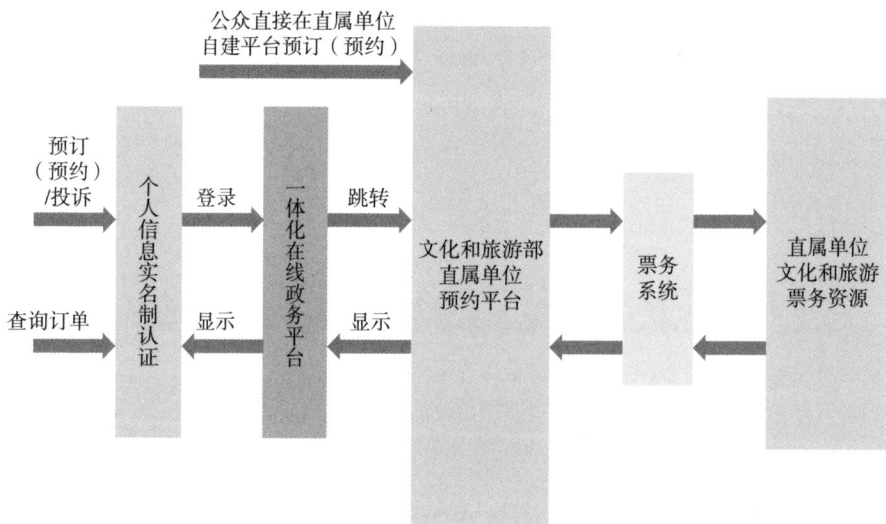

图 8-5 文化和旅游部直属单位票务预订（预约）模式

8.7.2 文化资源接入方案和运营思路

全国文化场所接入较之旅游资源更有优势，主要因为目前市场化 OTA 平台还没有在文化场所预订（预约）方面取得绝对的流量入口优势。图书馆、博物馆、剧场、美术馆等文化场所的预约长期以来依赖文化事业单位自建平台，较少对市场化平台完全开放其预约资源，致使市场化平台在上述公共服务属性较强的领域尚未形成绝对优势。因此，从文化资源角度切入一体化在线政务平台预订（预约）功能的开发，也是最直接和自然的一条路径。关于如何实现各层级文化资源对接方面详见图 8-6，可通过一体化在线政务平台进行用户实名制认证，如果需要预订（预约）文化场所（非部委直属单位）票务资源，则跳转到场所所在省的预订（预约）平台，可能是本省所建设的具备交易属性的文化和旅游信息化平台（省"一机游"平台），也可能为一体化在线政务平台在该省的对应平台（省级一体化政务平台）。

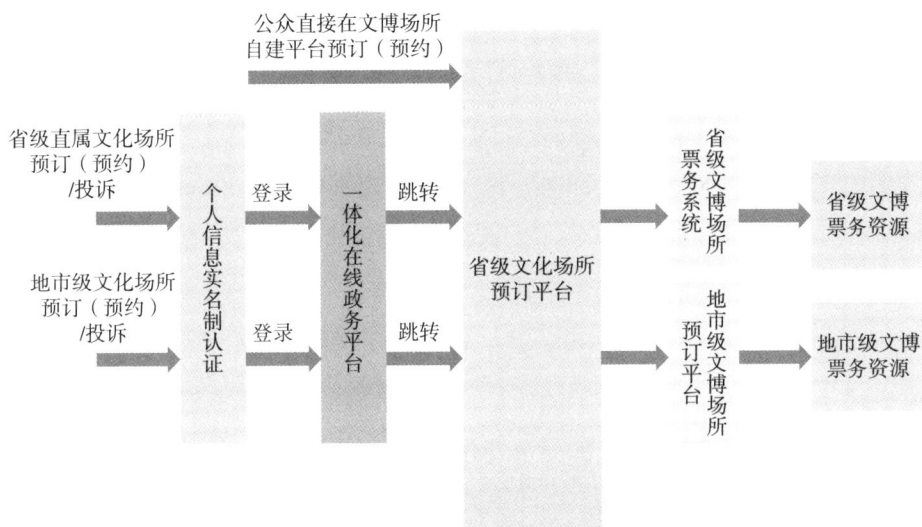

图 8-6　文化场所票务预订（预约）模式

实现上述模式的前提需要省平台已经整合了本省所属的文化场所票务资源，可以通过省平台进行全省文化资源的统一预订（预约），而省平台实现该功能的难点有两点。首先，需要整合省文化场所资源进行统一接入，从数量和覆盖率方面进行资源整合。其次，如何定义统一的资源预订流程、体验，规范各接入的文化场所所遵循的数据交换、用户操作、页面显示、信息反馈等方面内容，在用户端形成统一的操作体验，不会意识到各文化场所自建平台在预订（预约）上的逻辑和显示差异，从而形成统一的接入规范，是平台后续体验整合的重要因素。

8.7.3 旅游资源接入方案和运营思路

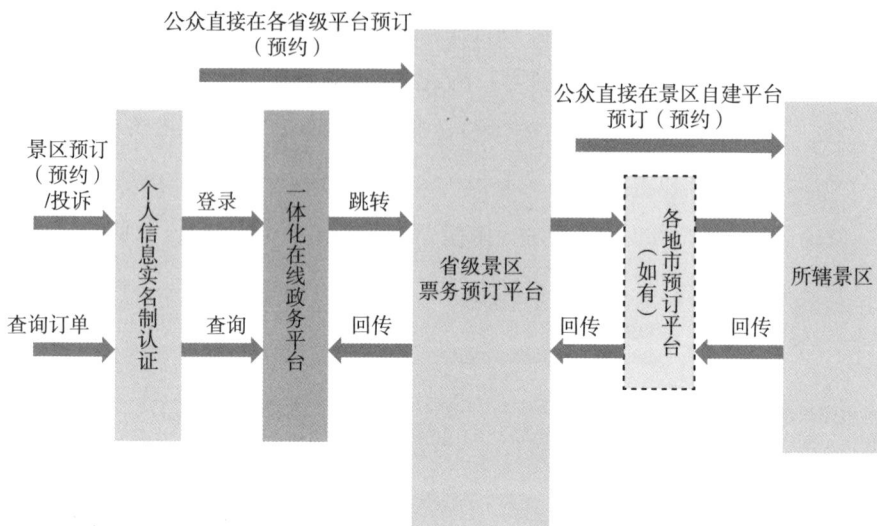

图 8-7 景区资源预订（预约）模式

全国旅游资源主要指旅游景区资源，是一体化在线政务平台接入的重要组成部分。旅游景区票务资源的预订（预约）已经有较为成熟的市场化平台先期进入，公众已经形成对部分市场化平台的依赖。疫前的数据表明，线下购买景区门票的比例依然较高，线上购票比例在疫前仅不到 20%。疫前防控要求特别是各景区自建预订（预约）机制，也一定程度上提升了景区线上购票入园的比例。目前景区门票的预订，除了 OTA 等市场化平台以外，各省所建立的"一机游"平台目前也在进行各省景区票务资源的接入。一体化在线政务平台对景区资源的接入可以依托各省级预订（预约）平台的逐渐建设和成熟。如图 8-7 所示，在一体化在线政务平台进行预订（预约），首先通过实名制认证登录一体化平台，根据所需预订景区所在省份，跳转到相关省份的预订平台（可能为"一机游"或该省一体化在线政务平台）进行票务预订。同时，需在省级平台和部委国家层面平台之间进行数据交换和同步，保证用户可以在预订所进入的平台见到其订单及过程信息。

国家一体化在线政务平台景区资源的接入，依赖于省级平台建设基础的完善，其需要实现与景区票仓的直连，能够做到景区票务资源和数据的实时同步，确保"一机游"或地方一体化在线政务平台可以成为景区票务分销的渠道，与目前市场化平台具有并行存在的情况。景区票务资源的对接则需要各省建立景区票务预订对接机制，保证省级票务分销平台在体验、操作等方面与市场化平台接近。通过前期各 OTA 大量成熟化开发和市场试错，已可以极大降低票务预订标准化、流程化的成本，为各省开发类似景区票务资源预订（预约）平台奠定了技术基础。

8.8　文化和旅游线上公共服务平台落地展望

根据以上设计和接入、运营的规划，结合现有全国各省级文化和旅游公共服务平台的建设和运行情况，并基于对文化和旅游公共服务预约功能的理论建模和实现路径分析，文化和旅游线上公共服务平台未来应在预约功能建设思路、平台功能标准制定、平台国家省对接、市场化平台合作等方面进一步开展相关工作。

一是坚持"先文化、再旅游"一体化在线政务平台预约功能建设思路。目前，文化公共服务资源预约仍有很大的建设空间，主要体现在：①市场化平台目前没有对文化资源进行有效覆盖；②文化主题市场化程度有限，更适合通过政府公共服务方式进行整合；③文化资源预约有助于培养公众预约意识，是未来反哺平台旅游预约的有效途径。旅游公共服务资源预约应注重回归公共服务的本质属性，主要因为：①旅游景区方面已有市场化的 OTA，例如美团、携程等，发展为全国性平台；②省级"一机游"等平台，在支持景区预约的基础上，同时也分别开通了景区门票预订的功能（依托第三方平台或本地企业票务分销）；③政府公共服务平台不应陷入与市场化平台争夺流量和 GMV 的竞争。因此，文化和旅游线上公共服务平台建设应坚持"先文化、再旅游"的思路，以文化领域一体化在线政务平台建设为切入点，探索平台建设思路、机制、技术和模式；同时，旅游领域一体化在线政务平台建设应注重与市场化平台的兼容，发挥平台间的互补和提升作用，回归公共服务本质。

二是坚持"标准引领、接口规范"的文化和旅游线上公共服务平台架构模式。目前，各地市一级平台、各文化和旅游市场（例如博物馆、景区等）实体往往同时也在建设所辖区域"一机游"项目，多层级"一机游"平台之间层级、逻辑关系需要重新梳理；同时，"一机游"平台普遍由省级文化和旅游主管部门牵头，委托省属文旅企业或外部第三方公司建设和运营，普遍存在建设标准不一致、接口混乱复杂的问题。文化和旅游线上公共服务平台作为全国性平台，应该在标准建设上下功夫，注重标准的引领作用，打造数据、架构、技术、功能的一体化标准，以统一标准指导平台建设。同时，从网络、预约、支付、服务等方面提供统一接口规范，以标准接口联通各省份文旅一体化政务平台，打通线下本地化部署的"最后一公里"问题。

三是坚持"对接协作、分级配合、信息共享、属地管理"的原则做好国家省对接。在以"一机游云南"为重要标志的地方文化和旅游行业数字化转型启动之后，全国各省区市基本完成了"一机游"平台建设。截至目前，全国23个省区市正在建设或已上线省级具有"一机游"特征的文化和旅游公共服务交易平台，比如贵州"一码游"、江苏"苏心游"、江西"游江西"、山西"游山西"、四川"智游天府"等，投资建设金额在500万~5000万元。各省级"一机游"平台正逐步实现旅游资源与要素的有机融合，创新文化和旅游信息服务新体验、新方式，推进了文化和旅游行业新型基础设施建设与数字化转型。然而，各地区"一机游"平台的发展也出现层级复杂、逻辑关系难以梳理的问题。因此，全国统一的文化和旅游线上公共服务平台建设应以信息公共服务作为平台优先定位，做到政府主导平台不缺位，以公众及游客对目的地信息服务的综合满意度作为考核指标，加强与省级平台的对接协作，做到国家省之间分级分工配合，加强相互之间的信息共享，协同提供权威、及时、准确的文旅信息公共服务和刚需化功能，完善"放管服"改革和审批权下放，提高属地管理能力。

四是坚持"信息聚合、差异发展"的文化和旅游线上公共服务平台与市场化平台的合作思路。目前各省级"一机游"平台的交易属性面临市场化平台的激烈竞争。以携程、美团为代表的市场化OTA平台经过多年发展，已经在文化和旅游的市场用户端形成了较为成熟、固化的文旅使用和消费场景。从互联网服务获客的成本和用户心智养成的角度看，如何让游客从其习惯的固有平台迁移到后生的"一机游"平台进行交易也是需面对的问题。OTA在服务范围、用户习惯、运营水平甚至资金投入等方面较之政府端"一机游"优势明显，两者在市场方面实际存在竞合关系。因此，文化和旅游线上公共服务平台未来建设应弱化交易属性，强调信息公共服务作为其平台优先定位，注重发展其信息聚合的功能，充分借鉴成熟平台在各方面的优势，例如美团、携程在预约与预订方面的资源及小红书、抖音等在UGC攻略方面的内容成熟度，充分做好本地化、高质量信息内容聚合与运营，提供受众最集中、最权威、最便捷的文化和旅游信息推荐。同时，作为全国性文化和旅游公共服务平台，成为聚合各省级"一机游"平台资源的总入口。另外，政府应以互联网思维建设和运营一体化平台，做好文旅公共信息服务平台的同时，大胆尝试流量运营，将文化和旅游线上公共服务平台作为文化和旅游行业数字化转型的重要抓手，实现与市场化OTA平台的差异化发展。

第九章

人工智能技术方法论：文化和旅游智慧大脑

人工智能技术正在推动新一轮科技产业革命，并引发经济、社会、文化等领域的变革。2022年以来，以 ChatGPT 为代表的大模型技术，引发全球新一轮人工智能创新热潮。在我国，以大模型为代表的 AI 智能化应用正在加速向经济社会各行业全面渗透，DeepSeek 等大模型、Manus 等创新应用不断涌现，为打造新质生产力提供强劲动能。

文化和旅游业是经济社会发展的战略性支柱产业，一方面大模型具有强大的泛化能力和更好的跨模态、跨领域应用能力，在文化和旅游的业态创新、艺术创作、信息服务等环节具备广泛的应用价值，将加速推动文化和旅游行业智能化转型，为行业高质量发展带来空前改变。另一方面文化和旅游行业门类多、数量多、服务对象多、产业链条长，将为大模型的创新提供丰富的应用场景和大量的训练数据，文化和旅游大模型创新应用将具备无可比拟的优势。

大模型技术作为新兴的人工智能技术还在加速发展，各种技术路线层出不穷，创新应用不断涌现，目前尚无法全面、客观地预测未来大模型应用的具体细节。但面对巨大发展机遇，我们在持续跟踪大模型技术发展趋势，密切关注人工智能在文化和旅游行业创新应用的同时，要深入研究文旅行业大模型的需求挖掘、方案设计、应用开发、运维监测、运营管理等关键步骤，统筹规划支撑大模型技术发展的基础构架，大胆创新，先行先试，通过探索应用场景、发掘积累行业数据等方式，力求在监测调度、公共服务等应用点上取得突破。强化顶层设计、技术持续迭代、功能不断完善，逐步构建真正意义上的文化和旅游智慧大脑。

9.1　以大模型为代表的人工智能技术发展

人工智能是研究使用计算机来模拟人的某些思维过程和智能行为（如学习、推理、思考、规划等）的学科，主要包括计算机实现智能的原理、制造类似于人脑智能的计算机，使计算机能实现更高层次的应用。大模型是指具有大规模参数和复杂结构的深度神经网络模型，是目前人工智能领域发展潜力最大、应用创新最多的技术方向。近年来，随着算力水平的提升、训练数据的完善、算法能力的进步，大模型技术迎来跨越式的发展。各类大模型基础平台百花齐放，应用场景不断丰富和细化，各行业垂直大模型建设需求日益高涨，大模型技术已成为人工智能技术推动各行业智能化转型的主要代表。

9.1.1　大模型技术基础不断夯实

大模型技术主要功能是自然语言处理（NLP）和其他相关序列数据处理，Transformer 架构的出现，推动大模型技术实现了关键突破。架构突破后，在需求牵引下，大模型基础支撑条件，比如计算能力、训练数据、应用模式优化等，得到不断提升和优化，又推动大规模预训练模型如 GPT 系列等取得了前所未有的性能突破。

计算能力是大模型技术的底座。随着大模型的不断发展，模型的参数量和计算复杂程度持续增加，使得模型的训练和推理需要海量的算力支持。随着语言处理类、视觉类模型数量增多、容量不断扩大，相应的算力需求随之增加。算力芯片是算力的具体载体，高算力芯片能够提供超算算力、通用算力、智能算力和边缘算力。比如，NVIDIA 发布了超强人工智能加速卡 Blackwell GB200，相较于 H100，在大模型训练性能上提升 3 倍，在推理速度上提升 30 倍。此外，随着计算能力增强，支撑计算模块的大数据存储、大容量网络要相应提升容量和性能。

数据是大模型发展的核心驱动力。大模型的训练依赖于大量的高质量数据，数据的质量和数量直接影响模型的效果和性能。特别是大规模、高质量、多类型的数据集蕴含丰富的语义知识，有助于提高大模型的直接影响模型的泛化能力和实际应用效果，而垂直大模型应用又需要更加专业的数据集，用以训练和验证。获取高质量数据越来越成为制约大模型应用的突出因素，主要涉及隐私保护、数据标注成本以及数据获取的时效性等问题。

应用模式优化是大模型创新的重要牵引。在模型训练、推理等各环节，通过分布式并行、结果蒸馏等方法实现加速和规模裁剪，从而显著提升应用效率和灵活性。Transformer 等主流架构持续优化，进一步提升大模型的数据建模和泛化能力。为适应多元化应用场景，各厂商均提出了多模型应用理念和模式，随着智能体应用的出现，推动大模型从问答对话向资源调配等工作模式进化。

9.1.2 大模型产品生态不断完善

通用大模型是处理多任务、多模态数据的人工智能模型，具有广泛适用性和知识广度，适用于需灵活应对各种应用的场景。这些模型依托深度学习算法，基于全网公开数据（书籍、网页、论文等）进行训练，从而在众多任务和领域中展现出卓越的性能。通用大模型是面向社会各行业应用的基础平台，全球各大人工智能科技公司纷纷开发通用语言大模型产品。以通用大模型为引领，人工智能技术应用场景不断丰富，产品生态不断完善。

通用大模型中比较有代表性的有：OpenAI-GPT、Google-Gemini、阿里云通义千问、百度文心一言大模型等。OpenAI 开发的 GPT-4 和 ChatGPT 是大模型技术具有开创性的产品。GPT-4 作为 OpenAI 的最新一代模型，在性能、规模和功能上都有显著提升。它沿用了 GPT 系列的优点，同时进一步优化了模型架构，采用了更加先进的训练技术和策略，通过对大规模文本数据进行多轮预训练，使得模型对语言的理解和生成能力得到了进一步的提升。在国内，杭州深度求索科技推出的新一代推理模型 DeepSeek-R1，凭借卓越的性能表现与创新性技术架构，在核心功能与竞争优势方面实现多维度的突破性进展，成为人工智能领域的重要成果。其最大版本的参数规模高达 6710 亿，庞大的参数规模赋予模型强大的学习与推理能力，使其在复杂任务处理中表现出色。为满足不同用户群体的多元化需求，DeepSeek-R1 推出精简版模型。该精简版模型采用知识蒸馏技术，将大规模模型的知识进行提炼与浓缩，从而实现日常设备的本地化部署。

在通用大模型基础上，各人工智能开发团队还研发了行业大模型、垂直大模型等。而智能体系统将大模型技术与实习需求结合，推动大模型技术从"只会聊天"向"可以干活"转变。比如，Monica 团队开发的一款通用 AI 代理 Manus，能够自主执行任务，如旅行规划、股票分析和教育支持。与传统的 AI 助手不同，Manus 不仅仅停留在生成文本或提供建议的层面，而是能够独立思考、规划并执行复杂的任务。无论是编写并运行代码、浏览网页并总结信息，还是操作文件并交付最终成果，Manus 都能在隔离的虚拟环境中自主完成，真正实现"从指令到结果"的一站式服务。

9.1.3　大模型推动各行业智能化转型

随着大模型技术不断成熟，为各行业智能应用打下坚实基础。在全社会数字化转型的关键时期，大模型技术为破解数字化发展中的各种问题提供了可能性，指明了各行业数字化发展的方向。目前，通过与实际工作相结合，大模型技术已挖掘出知识服务、资源管理、监测预报等大量应用场景，正在金融、工业、教育、医疗、政务等行业得到应用。比如，大模型通过分析业务数据和市场信息可帮助企业高效实现战略规划、市场预测、业务决策、资源调配，从而提高企业的竞争力和收益率。基于用户画像提供定制化客服、个性化推荐、预测性营销、品牌形象优化等服务，提高客户满意度和服务效率。可以帮助企业构建内部知识库，并辅助开展知识搜索、知识问答和教学辅助等工作，帮助员工快速获取所需知识和信息。在智能助手场景，大模型通过语音或文本与用户进行交互，以智能助手、虚拟个人助理等产品形态提供日程安排、任务管理、信息查询等个性化服务。

在金融领域，大模型能够分析海量的金融客户数据，在风险控制、欺诈检测和智能投研等场景下探索应用，帮助金融机构实现高效率、低成本、规模化的人工智能创新应用。例如，中国工商银行将大模型应用于智能客服领域，将平均通话时长缩短 10%，座席服务效率提升 18%，实现座席工作效率的全面升级。在工业领域，大模型的技术能力特点深度契合新型工业化特征，可基于感知预测和决策规划等能力在设计制造、产能优化、知识管理、生产运营、节能环保等场景上全面助力工业领域降本增效。在政务领域，多地政府积极在政务服务过程中引入大模型技术，以提升政务咨询、业务办理、城市治理、辅助决策等方面的精度和温度，从而有效提升市民体验、政务办公和城市治理效率。

9.2　文化和旅游大模型应用场景

9.2.1　智能化文旅政务服务

按照国务院统一政务服务要求，各级文化和旅游管理部门建设了一体化政务服务平台为人民群众提供线上全流程政务服务。但对标人民群众对文化和旅游管理部门的期待，政务服务还面临意图理解难，服务找不到；事项办理难，服务效率低；政策文件多，政策难掌握；群众咨询多，热线常占线等问题。这些问题可以采用大模型的自然语言理解能力、交互能力和生成能力，构建文旅政务服务大模型提供智能化、精细化、个性化服务，提升用户满意度。

具体来说，政务服务大模型可以提供以下智能化服务。

一是专业政务咨询。跨业务部门一件事联合查询，实现用户咨询无死角服务。二是自动分析填报。自动化解析用户画像，借助大模型语义理解、信息抽取能力、生成能力，增强数据信息复用能力，显著降低用户办事时的填报压力。三是事项定制体检。定制化的体检报告生成，借助大模型的学习和生成能力，能够根据具体需求进行个性化的对比分析，为群众提供量身定制的体检报告。四是智能数据治理。通过大模型简化数据治理流程，优化不同业务系统之间的数据融合方式，从而提高政务数据治理效率。

9.2.2　提升文件处理效率

文书工作是文化和旅游管理部门、企事业单位日常工作中不可或缺的重要组成部分。它涉及各种文稿的起草、编辑、审校和发布等环节。传统的文书工作存在如下问题。首先，它依赖于从业者的素养和精力，单凭有限的人力往往难以满足文书工作的高质量、高效率和全面性需求。其次，依赖于有限的历史素材和传统的资料获取方式，难以获取精准有效的信息和资料来辅助文书的编写。通过海量数据预训练和精确数据对齐的文书大模型可以有效应对如上问题：首先，大模型高效的文书工作能力，能够减轻从业者的工作负担；其次，大型专业化的知识储备，能够提供准确的素材和建议以满足各类文书需求；最后，大模型可规范文书事务，标准化文书起草、编辑、审校和发布各步骤。通过对现有 OA 系统的智慧化改造，构建基于大语言模型技术的文书处理系统，使其具备文书起草与编辑、文书审校与纠错等功能，可以依据用户指令生成不同类型的各种合规公文文稿，并提供丰富的在线文稿编辑服务。此外，可以集成包括基于预训练模型在内的多种文稿审校工具，能够着重对文稿中的音似字、形近字、语法和专名错误等问题进行排查和纠错处理。

9.2.3　赋能文化和旅游综合执法

通过构建文化和旅游综合执法大模型，可以围绕文化产业知识产权保护、营业性演出活动、艺术品交易等文化执法案件等主要问题，通过大模型对判决书和起诉状进行语义理解、年龄层等信息进行统计计算以及其他指标的计算，发现在案件办理方面共有的一些问题以及突出个性问题，最后依据已有的司法建议和文本生成的司法建议由专家进行校验后得到的专家经验，针对各类问题给出合适可行的司法建议。法律大模型将赋能执法标准化、规范化和智能化，提供以下智慧化应用：一是法律问答。可以应用于基层执法部门和公众文化和旅游行业法律咨询等日常场景。二是案情分析。应用于基层执法部门，根据案件描述分析案情关键要素等服务。三是推理决策。梳理案情争议焦点，给出执法建议等。四是生成标准化法律文书。为基层执法部门自动生成标准化执法文书。

9.2.4　文化和旅游行业知识库

目前文化和旅游行业尚没有统一的数据和知识平台，由于文化各领域、旅游行业间数据、知识散落在各个系统、文档和视频中，由于没有统一知识积累，导致文化和旅游领导和管理人员开展工作、出台措施缺少数据、知识的支撑，不得不跨越多个文献源、书籍，工作效率不高。通过整合大模型技术和专业的各行业知识库，可以为文化和旅游管理部门领导和基层人员提供一个强大的支持工具，以提高工作效率和管理水平。智能化知识库可以对接各业务系统，自动获取知识，对接业务系统业务端发起知识新建或更新需求，构建具备知识交流分享的知识库，建立内部人员共享协作和分享交流的平台，智能化业务专家团队在线解答疑点难点问题。

9.2.5　项目评审智能化

项目评审是文化和旅游管理部门常用的一种工作方式，一般均采用邀请专家查看材料，对照标准打分的方式。比如景区评定、非遗资助项目评定等。一般评审具体有以下几方面流程：一是申报文本的收集与整理。传统申报文本由申报单位通过线上线下方式提交。大语言模型强大的搜索和文本分析能力，可以自动处理大量的文本数据，既自动化整理申报文本，又可从其他来源如政策文件、新闻报道等中提取涉及申报项目的信息，为专家评审提供背景材料。二是项目归类与标注。通过利用大语言模型，根据案例的特征和内容对收集到的案例进行归类和标注，识别文本中的关键词、实体和主题，并将项目按照不同的类别进行分类，从而帮助专家更好地理解和利用申报项目中的信息。三是项目分析与评估。利用大语言模型对项目文本进行深入分析和评估，参照标准对项目文本资料的合规性进行自动化筛选，帮助专家对项目的价值和可行性进行初步评估。四是项目推荐与应用。基于大语言模型对所有项目文本进行全面分析和理解，建立评分体系，并给出相应分数。实现个性化的项目推荐和应用，根据专家需求和偏好推荐与其相关的案例。

现有评审基本采用专家评分方式，大模型在提升文本搜集整理、提供辅助决策外，在未来，有可能通过构建智慧模型，除申报单位自行申报，还可以全面多个维度搜集项目信息，进行自动化评分，从而改变文化和旅游管理部门在项目评审、案例选取、达标等方式，实现智能化。比如，大模型通过从海量的相关案例描述、相关文献、媒体报道、社交媒体评价等多种来源中提取关键信息，使得模型能够全面、深入地了解每个项目的具体内容及其在不同平台上的表现。同时，大语言模型使用自然语言处理技术，从社会影响力、媒体关注度、示范带动作用、政策参考价值以及社会贡献度等多个维度对项目进行分析，形成对影响力的综合评价，避免单一维度评分的片面性，确保项目评判的全面性和科学性。在判断方面，人工评审不可避免地会受到了解信息有限等主观因素的影响，而大语言模型则可以基于预设的算法和标准进行评分，从而保证评审过程的客观性和一致性，减少人为偏差，提供更加公正的评审结果。

智慧化评审评估，一是丰富监测评估的内容和形式，使评估结果更加全面和立体，不仅仅局限于定量数据，结合典型案例的定性分析和描述更能反映实际情况；二是发现监测评估指标难以反映的信息，可以抓住工作发展的微观变化和新的动向，这些信息可能难以通过常规监测指标完全反映，但对于发展具有重要价值，有助于提升监测评估的前瞻性；三是加深对问题的理解和认识，可以帮助深入分析问题的成因，理解问题产生和发展的脉络，这比简单的监测结果更能促进问题诊断的准确性和针对性，有助于科学决策；四是可以为决策提供情境依据和经验借鉴，提供可借鉴和应用于实践的案例和做法，作为监测评估数据的补充。

9.2.6　大模型技术与视频智能监测的融合

视频监测是文化和旅游行业监测的主要手段，文化和旅游管理部门通过视频联网方式，将文化和旅游重点场所视频接入监测平台，在节假日等重点时段查看现场画面，从而掌握调度有关情况，确保正常运行。近年来，随着智能视频监测技术的发展，各类基于视频监测算法逐步成熟，视频监测已从人工查看向自动化监测转变。在文化和旅游行业管理中，通过智能视频算法，监测平台可以大批量、24 小时不中断监测重点场所重要点位，及时快速发现人群拥堵、火灾、特种设备故障等隐患，还可以发现停放车辆、垃圾堆积等影响体验的行为（表9–1）。

表 9-1　智慧视频监测发现问题列表

序号	问题类型	数量	占比
1	车辆乱停放	20	32.78%
2	流动摊贩	16	26.23%
3	人员拥堵	10	16.39%
4	路面病害	6	9.84%
5	人行道占道	4	6.56%
6	车辆拥堵	1	1.64%
7	乱扔垃圾	1	1.64%
8	垃圾桶满溢	1	1.64%
9	人流聚集	1	1.64%
10	施工围挡	1	1.64%
总计		61	100.00%

　　例如，浙江已建成的智慧监测系统，对全省 11 个城市 259 家景区进行了实时智慧监测，实现及时快速发现人群拥堵、乱扔垃圾、人行道占道、违规停放车辆等不文明行为及相关风险事件（图 9-1）。在 2024 年国庆 7 天假期期间，系统接入 2325 路定点摄像头进行了实时监测，包括预设算法场景 16 种，专业算法路面病害 18 种。单次轮巡时间约 5.8 分钟，巡检间隔 30 分钟。在此期间，系统总计推送定点摄像头问题数据 61 条。

图 9-1　某景区监测预警画面

　　但文化和旅游行业监测智慧化尚在起步阶段，应用模式、系统架构、功能细化等重点环节尚未明确，也存在一些问题，比如尚未形成适应文旅行业监测特点的系列算法、模型训练数据不足等。大模型技术的出现，可以解决一些以上问题，还可通过语言大模型独特的理解能力，更好地将视频监测与实际工作结合起来，从而推动视频监测智慧化更高水平的发展。

　　大模型与视频智能监测融合，可以产生以下效果。

　　一是基于视图大模型、语言大模型、视图小模型等能力进行多模态融合，实现大小模型协同应用的全面增强。智能化视频监测主要通过各种深度学习方式，通过训练生成算法，可以看成基于视频的小模型。通过大模型、小模型的协同，比如小模型监测结果利用大模型图像理解能力，从而增强视频、画面监测能力。再比如，通过大模型语义理解能力，将监测指令输入小模型，提升监测工作效率、简化调度流程等。

二是有助于提升智能视频监测能力。通过大模型语言理解能力，可以优化视频监测算法训练方式，实现"零样本"或者"少量样本"训练，大大增强了视频监测灵活性。通过人为标注核验，将标注结果再进行联合训练，从而做到越用越准。

三是将形成监测调度智能体。除以上算法优化、大小模型协同等单纯视频监测能力提升外，通过自动生成、语义理解和功能调用，大模型将在文化和旅游调度全过程发挥赋能作用。比如，大模型通过搜集整理文旅调度有关文本、图片等资料，结合其他专业知识库，形成文旅监测调度知识库。通过智能问答，自动理解监测调度指令，自动调取各类模型算法、专业知识，自动形成监测报告。通过全流程智能化，实现行业监测调度智能化、自动化和科学化。

2025 年年初，现象级应用 DeepSeek 仅用 20 天逆势突围，迅速超越各大模型，日活跃用户量达 2161 万。DeepSeek 通过"算法架构创新 + 系统协同优化"双轮驱动，推动大模型技术从"算力比拼"向"算法工程化"转型。作为大模型技术的代表，DeepSeek 与智能视频监测技术深度融合，赋能文旅行业监测全过程，形成真正"会思考""懂业务"的监测调度智能体。监测调度智能体将实现以下功能。

一是游客、车流智能化分析。通过 NLP 自然语言对话形式快速调取游客、车流信息。改变过去多平台、多界面抓取客流数据的模式，通过自然语言，便捷、快速获取系统中的历史道路车辆、停车场数据，实现多渠道历史数据汇总。通过大模型 Function Calling 的能力和自然语言，基于实时 / 历史数据快速输出车流分析数据，自动生成监测分析报告。

二是智能化检索调度目标。新一代智能体将实现从大量视频点位中快速查找目标视频点位并进行视频播放，改变视频需要人工查阅录像的方式，通过一站式自然语言交互，人性化检索目标视频画面，极大地提升了工作效率。还可以对话式快速下发巡检任务、调取结果，提升运维效果。

三是提升人流量监测效能。通过人群态势大模型能力，最小可以支持 $10 \times 10 px$ 像素目标检出，实现在夜晚、灯光复杂、室外大场景客流的环境进行客流统计，有效地解决了传统小模型在该场景极大误差客流统计的问题，为监测调度提供更为准确的客流数据。

9.3 构建统一文旅大模型

大模型在文化和旅游管理工作中拥有广阔的应用前景。当前大模型技术仍在飞速发展，在文化和旅游管理工作中落地应用存在工程实践复杂、技术选型困难等问题。

首先，大模型技术更新迭代快，技术选型困难。当前大模型类型众多，技术路线多元，大模型开发过程涉及基础设施、数据资源、算法模型、应用模式和风险控制等诸多方面，构建文化和旅游大模型需要在模型应用的全生命周期开展技术能力先进性和应用场景适用性等评估。选型方案还要适度超前，避免落地即落后的情况。

其次，落地应用关键环节存在困难。要落地首先要构建高性能和高可靠的训练和推理基础设施，而文化和旅游现有信息化基础设施长期投入不足，支撑现有信息化工作尚有不足，无法支撑大模型落地应用。选择大模型的部署方式等问题上需要根据文化和旅游行业特点和应用模式统筹考虑。大规模和高质量的数据集决定了大模型的实际应用效果，文化和旅游管理部门数据治理体系尚未建立，数字化程度低，缺乏优质的训练数据集，将制约大模型技术在行业中的落地应用。此外，还需要同步建立大模型安全技术体系，加强数据安全和隐私保护。

最后，大模型与现有应用融合模式尚需要探索。面对文化和旅游行业多样化场景需求，在如何实现大模型与现有业务数据和信息系统对接，如何开发人工智能原生应用等问题上尚缺乏成熟经验，需要在实践中探索。此外，还需要结合应用及时评估优化大模型算法模型与实际业务需求的匹配程度。

因此，要构建可用、实用、好用的文化和旅游大模型，要坚持理论与实践并重，从统筹规划、能力建设、应用部署、运营管理等方面着手，紧扣基础设施、数据资源、算法模型、应用服务等关键环节，不断推动大模型在文化和旅游管理工作中落地生根、苗壮成长。

9.3.1　统筹规划文化和旅游大模型建设

文化和旅游大模型建设要规划先行，全面分析基础设施、数据资源、算法模型、应用服务、安全可信等大模型发展要素需求，深入挖掘大模型建设、应用和管理需求，统筹规划大模型所需各类资源，统一规划大模型架构和基础支撑，在建设上要分步实施，既要避免超前建设也要避免分散重复建设，从而杜绝人力物力和资金的浪费（图 9-2）。

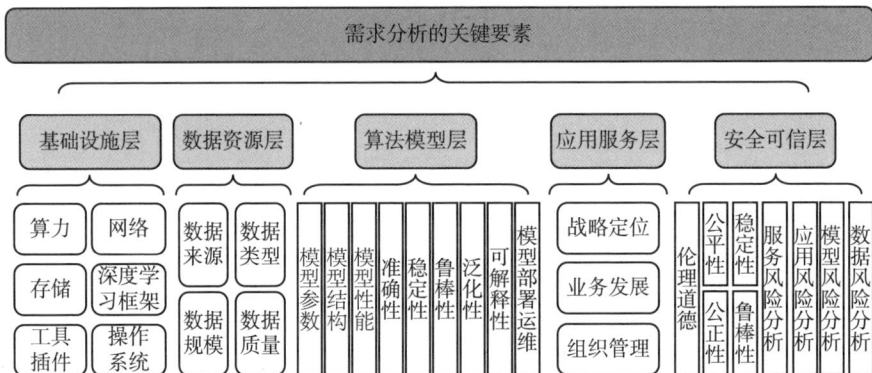

图 9-2　大模型落地应用需求分析梳理
（来源：中国信通院《大模型落地路线图研究报告》）

大模型应用规划具体包括以下环节。

第一，梳理现有基础。在规划前，要全面梳理文化和旅游行业管理数字化的基础资源、应用系统、数据资源等情况，并进行综合评估，做到支撑大模型落地的综合能力现状和差距准确掌握。除了数字化现状外，还要对支撑大模型应用的技术团队的技术能力进行调研评估，结合业务规划，对经费投入进行预估。

第二，挖掘应用场景，确定发展目标。根据文化和旅游发展相关规划、行业管理有关要求和工作计划，深入分析创新开展行业管理、推动治理体系治理能力现代化中发展人工智能相关的战略需求，形成大模型应用目标。在行业管理上，充分分析现有管理模式存在的问题，全方位探索借助大模型实现智能化监管和智慧化服务的有效途径，注重小切口大纵深，挖掘一批落地见效快、实施难度低的应用场景。

第三，规划大模型发展技术路径。对照现有各类大模型特点，选取可用来支撑以上服务场景及目标的大模型技术路线，同时，估算出大模型在参数结构、技术能力、部署运维等方面的需求，从而确定大模型的准确性、稳定性、鲁棒性、泛化性、可解释性等指标要求。综合考虑业务需求、技术架构、运维资源以及安全防控等多种因素，确定大模型在部署运维过程中的开放性、兼容性、便捷性、灵活性、可扩展性、可观测性、可维护性等指标要求。

第四，规划统一基础支撑建设。大模型计算基础设施规划要突出集约化原则，由信息化部门统一建设支撑大模型应用的计算、存储和网络设施，充分利用云计算等先进管理模式，实现资源精准分配和保障。

第五，规划统一数据集建设。根据大模型应用需求和实际工作需求，确定数据集的架构、内容，数据来源、类型、规模及质量等需求。根据业务目标、应用场景、软硬件资源、数据隐私与安全等因素，确定采用公开数据、自建数据或共建共享数据，以及确定文本、语音、图像、视频等数据类型。根据计算资源、模型结构、参数规模、业务需求等因素确定数据规模。根据大模型的技术指标及业务要求，确定准确性、完整性、一致性、可用性、多样性和时效性等数据质量要求。

第六，规划统一安全保障。根据应用场景确定大模型的安全保障要求。

梳理在应用大模型过程中可能存在的数据风险、模型风险、应用风险、服务风险等风险控制需求，制定相应的安全保障机制和策略，确保大模型应用过程和内容产出合法合规。此外还要重视大模型在伦理道德、意识形态等方面的要求，通过透明可控的算法、高质量数据集确保推理和生成结果符合相关规定。

9.3.2　筑牢文化和旅游大模型技术底座

技术底座建设是大模型应用落地的基础性工作，统一的文化和旅游大模型技术底座将为行业管理工作中各类大模型应用提供全面服务支撑。技术底座建设主要包括训练推理平台、数据集、算法模型库、应用服务平台等环节。

一是构建高效易用的大模型训练推理平台。通过资源整合，以通用大模型、垂直大模型等多种模型技术为核心，构建支撑大模型训练推理的基础平台。根据自身业务需求、产品形态、数据模态等，选取语言大模型、视觉大模型或多模态大模型。根据成本、安全性等需求，选择开源或闭源两种软件生态。根据自身数据规模、算力规模、部署方式，选择合适的大模型网络架构、优化算法和损失函数。根据任务的类型和难度，合理选择模型的参数规模和训练策略。模型优化上，可以通过提示工程、检索增强生成、微调等方式对大模型进行优化，以满足特定需求。最后根据自身行业的合规性要求、数据敏感性、数据和算力规模等选择公有云、私有云或混合云三种不同的模型部署策略。

二是构建文化和旅游行业管理的高质量数据集。在建立文化和旅游数据治理体系的基础上，全面采集、汇聚行业管理数据，经过预处理后，通过标注等方式形成用以训练的高质量数据集。数据集应突出多样性和全面性。即基本涵盖文化和旅游行业各要素数据，且数据质量高、规模大、种类全以确保模型能够学习到全面完整的知识，进而提高模型的表征能力和泛化能力。应注重数据集数据预处理、标注等基础性工作，采取必要的数据清洗手段来解决数据缺失、异常、噪声等质量问题。根据不同场景的数据需求选择不同标注方式，确保数据标注的准确性、完整性、一致性。

三是开发优质的算法模型。围绕行业管理等智能化应用需求，根据应用场景，持续开展模型研发和测试。按照需求引导的原则，不断积累各类算法模型，通过复用、优化等方式，推动算法应用到行业管理各领域。

四是开发统一应用服务平台。构建功能多样、智能化程度高、服务方便的文旅智慧大脑，建设为行业管理各部门服务的大模型服务应用平台。提供模型管理、算力支撑、算法支持等全流程服务。重点关注服务稳定性和服务响应时间，确保大模型的高并发处理能力，保持高效的性能和稳定的服务。

此外还要建设统一的大模型应用风险控制体系。研发可信算法，建立安全机制和风险处理机制，确保大模型应用全流程的安全可信。

9.3.3　推动文化和旅游大模型技术应用

行业管理应用是检验大模型技术落地效果的核心标准。深入分析艺术、非遗、市场、执法、产业、资源开发、旅游等具体行业的应用场景和业务流程，结合语言、语音、视觉、多模态等特定领域的数据特性和知识体系，基于生成、对话、代码、翻译、质检等具体任务的目标，定制化调优服务各种专项应用的垂直大模型，并依托服务平台对外提供服务。

此外还要建立健全大模型运营管理体系，提高大模型综合治理水平和应用成熟度，进一步提升自身品牌影响力和核心竞争力。具体而言，通过持续构建并完善基础设施运营管理体系、数据治理体系、算法模型治理体系、应用服务运营管理体系，最终形成健全的大模型运营管理体系。

第十章

新技术方法论的应用实践：阿尔山智慧旅游管理服务平台

前几章，我们从方法论角度讨论了互联网、大数据、人工智能等新一代信息技术推动文化和旅游数字化建设和行业管理模式变革的理论。"纸上得来终觉浅，绝知此事要躬行。"要想全面深入地理解新技术方法论，并应用到文化和旅游数字化实际建设中，甚至引领文化和旅游行业管理模式变革，一方面需要从业务规划、项目建设和日常运行管理等具体实践中了解具体细节，学习经验和工作方法；另一方面文化和旅游管理部门层级多，全国各地情况不同，在不同的层级和地域，需要根据其职责和特点，采用对应思路和工作方案。

本章，我们以内蒙古阿尔山市为例，采取解剖麻雀的方式，深入跟踪分析地方文化和旅游管理部门综合运用现代信息技术推动管理和服务模式创新。笔者全程参与了阿尔山智慧旅游管理服务平台的规划设计、落地实施和后期运行。对于文化和旅游数字化工作研究来说，阿尔山智慧旅游建设运行是一只很好的"麻雀"，相关经验做法值得认真总结研究。首先，阿尔山市是国内著名的旅游城市，旅游业是全市的支柱产业。其次，阿尔山市是内蒙古自治区兴安盟的县级市，习近平总书记指出："县一级承上启下，要素完整，功能齐备，在我们党执政兴国中具有十分重要的作用，在国家治理中居于重要地位。"各委办局和乡镇设置齐全，便于全面了解基层政府组织实施智慧文化和旅游建设流程，便于发现涉及文旅数据整合的困难和问题。最后，阿尔山市文化和旅游数字化工作长期空白，没有历史包袱，属于一张白纸好作画阶段，有利于我们利用先进的技术和方法论，构建先进完整的管理服务平台。

10.1　总体情况和建设历程

阿尔山市是一座位于大兴安岭南麓的边陲旅游小城。全市整体旅游资源丰富，资源富集且组合度好，现有一家国家 5A 级旅游景区、一个世界地质公园、两个国家森林公园、三个国家湿地保护区和一个国家级风景名胜区。在文化和旅游部定点帮扶下，2019 年"阿尔山—柴河"景区入选国家 5A 级旅游景区，2024 年阿尔山旅游度假区获评国家级旅游度假区。

2022 年，为推动阿尔山创建国家级旅游度假区，依据国家级度假区有关评定标准，阿尔山市启动了智慧旅游管理服务平台项目建设。项目总投资 2300 余万元，主要建设内容包括文化和旅游产业运行监测和指挥调度中心、智慧旅游大数据中心、智慧旅游公共服务平台、指挥中心等。

2022 年 2 月，阿尔山市发展和改革委员会批复了阿尔山市全域智慧旅游建设项目建议书和可行性研究报告。2022 年 8 月项目完成招标和合同签订，9 月项目正式开工。2023 年 3 月项目所有硬件设备到货，软件系统开发完成并上线。6 月 3 日，项目通过专家组初步验收，正式转入试运行。12 月 6 日，项目通过竣工验收。

整个项目过程管理规范、文档资料齐全，达到了有关设计目标，切实提升了阿尔山旅游度假区智慧化、信息化管理水平。在游客服务上，建成"一机游"小程序，为游客提供"食、住、行、游、购、娱"全流程旅游服务；在产业服务方面，本地企业通过"专业营销推广"的运营，为本地餐饮、住宿提供引流，带来收益；监管部门，通过"产业监测与应急指挥平台"为旅游管理提供数据支撑以及应急指挥调度，满足精准营销、精细管理的需要，实现"一屏观全景、一网管全域、一机游全城"的建设目标。2023 年 9 月，项目荣获工业和信息化部组织的第六届"绽放杯"5G 应用大赛一等奖。

10.2　总体架构

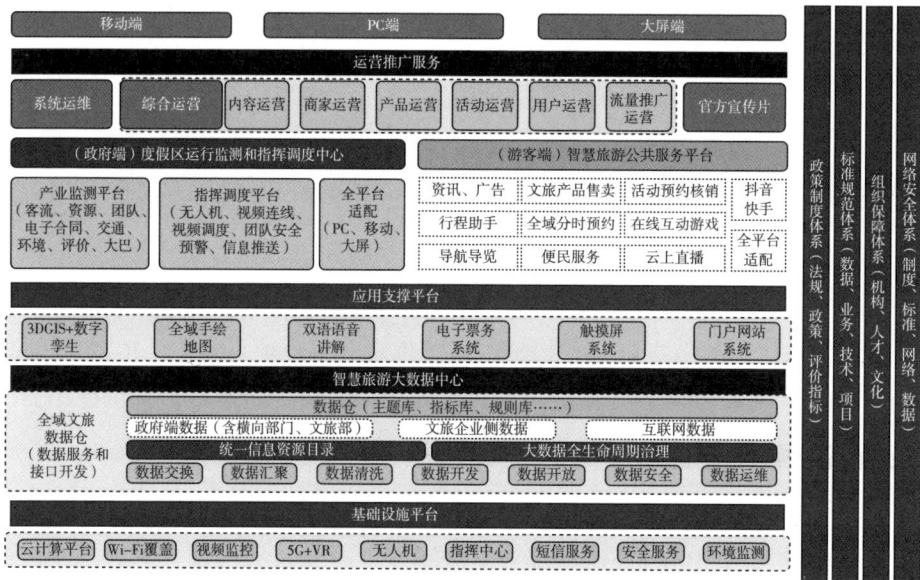

图 10-1　阿尔山智慧旅游管理服务平台功能架构

项目主要建设内容包括文化和旅游产业运行监测和指挥调度中心、智慧旅游大数据中心、智慧旅游公共服务平台、日常运营推广、云计算平台、Wi-Fi 覆盖、视频监控、5G+VR、无人机、短信服务、指挥中心、安全服务、环境监测，共计 13 个子系统。

平台总体架构分为设备感知、数据中心、技术服务、业务应用、前端访问 5 个层（图 10-2）。

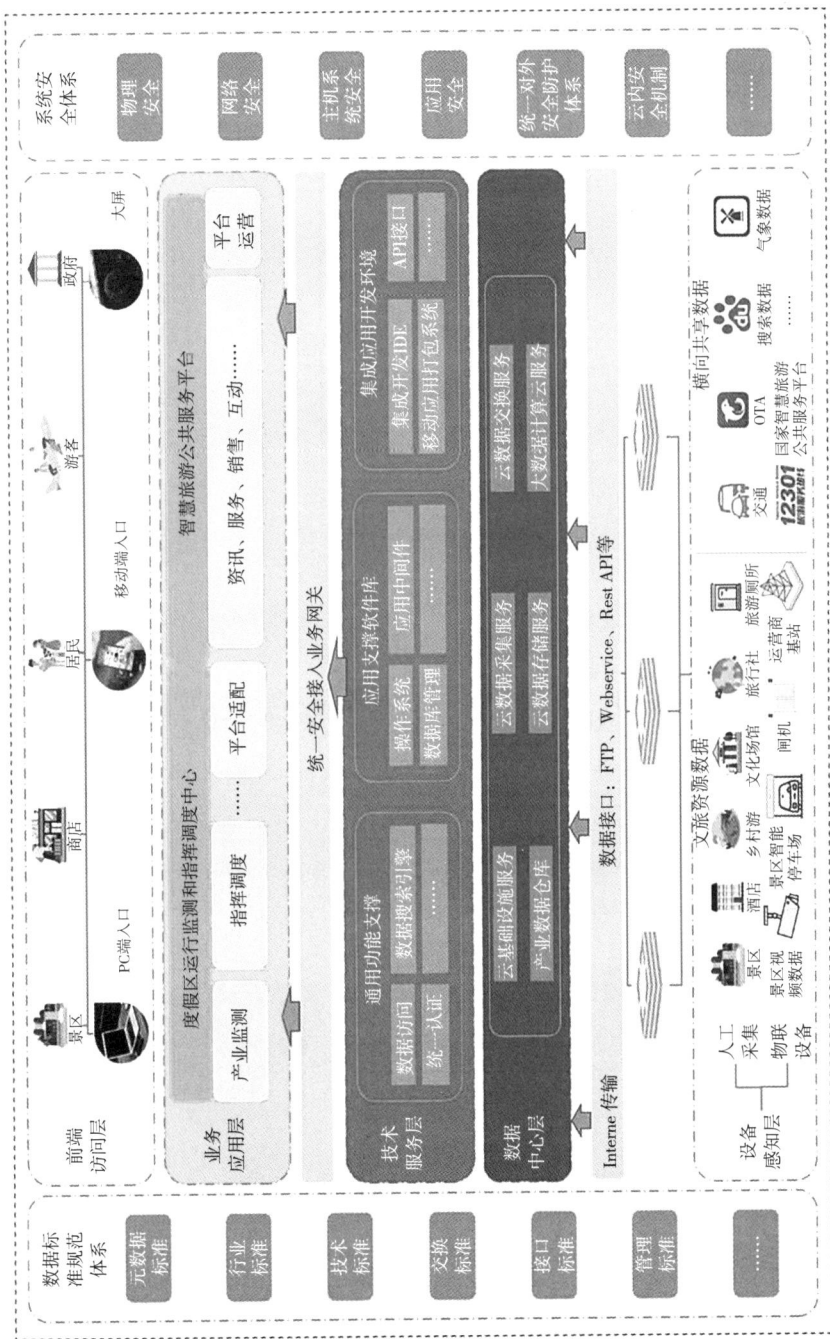

图 10-2　阿尔山智慧旅游管理服务平台技术架构

195

具体各层内容如下。

（1）设备感知层。对阿尔山市文旅资源要素的基础数据和业务数据进行整合。系统满足 webservice、FTP、RestAPI 等数据接口的对接方式，考虑游客公共服务的需求，将全面整合互联网平台、国家 12301 智慧旅游公共服务平台、旅行社以及横向数据部门等信息内容，并重点在景区主入口、文保单位部署视频监控，采集景区的客流量、视频数据，平台也将支持景区闸机等硬件设备的接入。

（2）数据中心层。依托云平台搭建适合系统稳定运行的运行环境，为本项目在数据资源采集对接、数据标准基础和数据清洗、处理、交换支撑以及软件集成应用项目底层技术提供云资源服务，包括计算机操作系统、数据平台软件等软件环境。

（3）技术服务层。基于混合技术系统开发的重要环境和框架技术来源，并向应用层提供所需的各种应用服务，如 API 接口服务、ISO/AndroidSDK、webview 组件、数据获取服务，消息推送等。

（4）业务应用层。主要包括面向管理者的智慧文旅大数据管理平台，提供涉旅数据、文化监管数据的有效归集，产业运行的实时监测、决策的数据支撑等服务。

（5）前端访问层。主要是面向游客、企业运营管理者、政府管理者提供的操作系统载体，以移动端系统为核心，主要包括满足 iOS、Android 多端的App、小程序、微信平台以及 PC 端系统。

由于篇幅原因，本章不对每个功能进行详细介绍，围绕前几章讨论的数字化行业监测、公共服务等方面重点、亮点功能进行介绍。

10.3 市域旅游运行情况全方位监测

在项目建设中，我们采用视频、数据等多种技术手段，力求全方位、多角度监测阿尔山市旅游运行情况。形成视频、物联网、闸机等综合技术监测手段，通过汇聚公安、交通、景区、上级平台等多方面来源，实现数据层面整合和全面监测分析。此外，通过电子沙盘等数字孪生，动态展示整体运行情况。

10.3.1　视频监测

视频监测是最直观的监测方式。项目通过视频联网方式，将阿尔山市全域所有景区景点、人流密集区全部纳入视频监测范围，实现 24 小时画面实时监测，从而为掌握运行情况、处置突发事件提供有力手段（图 10-3）。

图 10-3　阿尔山智慧旅游管理服务平台视频监测画面

我们根据不同景区点位特点和监测应用场景，配置了不同类型或者不同组合的摄像机。聚焦场所室外场景选择枪机与球机搭配使用、交叉互动，以保证监控空间内的无盲区、全覆盖，同时根据实际需要配置前端配套设备如防雷器、设备箱、视频传输设备和线缆等。室内采用红外半球与室内球机搭配使用，确保满足安装的美观与细节不丢失的需求被满足。针对室外监控点位的实际情况，摄像机、补光灯（选配）安装于监控立杆上，网络传输设备、光纤收发器、防雷器、电源等布置于室外机箱，室内摄像机安装比较简易和方便，直接通过交换机、电源模块连接网络和取电。总共安装景区景点及场所 20 余个，采购配置摄像机 35 套。

画面点位选择上做到核心标志性景点和监测运行情况点位并重，既能展示阿尔山各景点美景，又能监测运行情况。

考虑到阿尔山市区较小，通过在市区最高点部署高空高清晰度大角度球机，并通过多个球机画面拼接，实现整个市区运行情况掌握（图10-4）。在满足行业监测需求以外，利用已部署的摄像设备，实现阿尔山著名景点的实时画面直播，并在阿尔山旅游度假区微信小程序上推送，发挥旅游推广作用。

图 10-4   阿尔山高点摄像机视频拼接监测画面

10.3.2   无人机在监测和管理中的应用

我们首次将无人机技术应用到旅游运行监测工作中（图10-5）。结合度假区巡检需求，采购两台工业级无人机对接工业级无人机平台，实现无人机

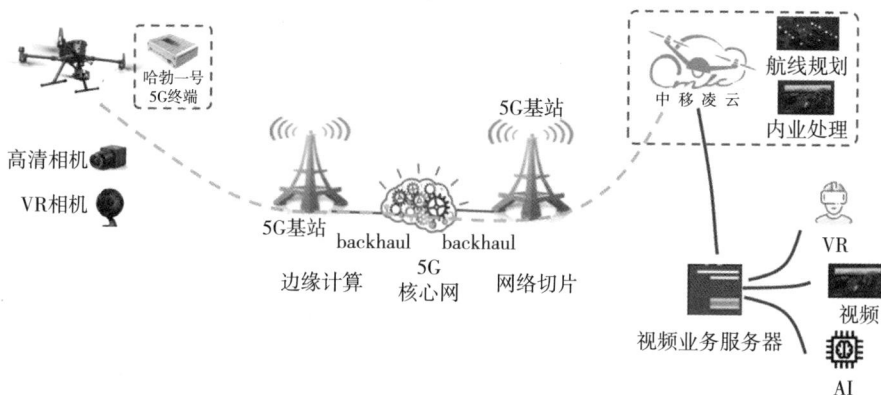

图 10-5   无人机技术架构

航拍画面实时回传至统一视频云平台，巡检人员通过后台就能查看现场巡检情况，第一时间掌控度假区运行状况，通过在线统一视频平台实时对现场设备情况、突发事件等进行巡视及监控，第一时间就能查找和发现设备隐患和事件详情，大大提高了度假区的巡检效率。

无人机通过监测指挥平台进行指挥操控，采用4G/5G技术进行控制和图像传输，依托平台的航线规划、程控飞行能力，飞行过程无须人工干预，实现自主程控飞行、自动数据采集、AI智能识别，做到5G无人机规模化部署、常态化使用（图10-6）。基于地图位置自动巡航飞行，并提供画中画实时航拍画面。

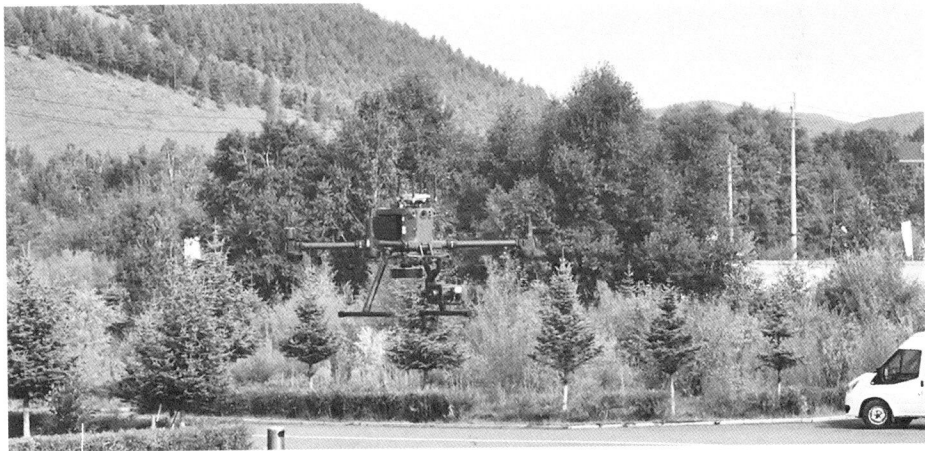

图10-6　无人机起降画面

无人机具有大航程和长滞空时间的优势，通过两架交替飞行监测作业，可以实现阿尔山市区无死角巡航监测。利用无人机沿特定巡逻航线执行巡查，可挂载可见光及非可见光镜头，实现全天候航拍功能，并提供画中画来实施航拍，实时监控区域内的所有状况，并通过数据链将视频实时回传至监控中心，为管理人员突发情况提供全方位资料。

阿尔山市区位于大兴安岭林区腹地，周边森林密布，依托森林开发了数十公里的森林步道，旅游行业监测面临火灾、人员迷路导致失踪等威胁。为此，我们为无人机配置了机载气象站、热成像摄像头等，实现灾情查勘、应急监控、辅助救援的实用功能。通过空地一体（无人机、防火摄像头）"监测+火情识别"、火情定位 AI 能力，提供火情预警监测服务（图 10-7）。

图 10-7　平台无人机监测界面

10.3.3　物联网环境监测

气温、水质是游客游玩体验的重要因素，极端天气将导致游客伤亡等安全事件，旅游环境是旅游行业监测中必须掌握的数据。在项目中，采购了环境监测、水质监测等互联网设备，并将对接管理服务平台，实现实时数据推送。与视频画面共同对现场运行情况进行全面监测（图 10-8）。

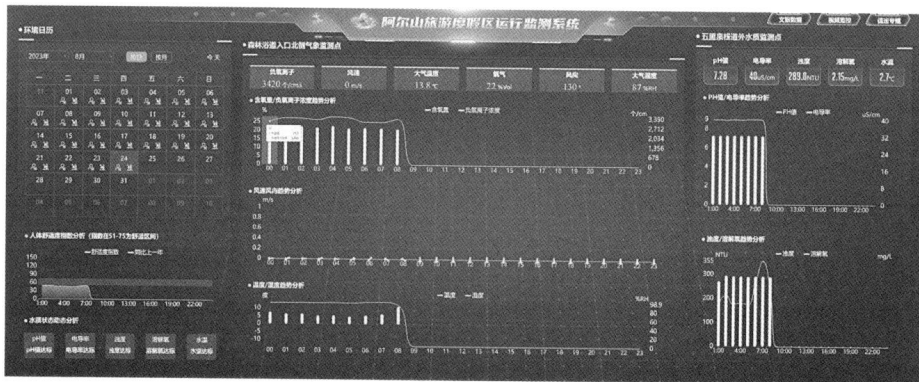

图 10-8　平台物联网数据监测界面

空气质量和气象监测通过在阿尔山度假区森林浴道等山地景点，部署自动气象监测设备，监测实时天气情况，气温记录，包括温湿度监测、氧气含量监测、负氧离子监测、风速监测、风向监测等。

水质监测模块对温泉水质进行监测，对水质、水温等数据进行监测，具体包括水质电导率、水质 pH、水质浊度、水质溶解氧、水温等。

10.4 旅游运行数据全面融合

旅游运行数据类型多、采集困难，长期分散在政府各部门，在项目建设中，围绕人、车、团等要素，全面梳理了旅游运行数据种类，由市政府出面，打破部门限制，各委办局提供与旅游相关数据，由平台统一整合综合应用，实现了旅游运行数据全面融合。通过旅游运行数据融合比对，地方政府、文化和旅游管理部门掌握了实时旅游情况，如度假区里来了多少车，多少旅行团，各景点人流量多少，为行业管理提供可靠的依据。

10.4.1 自驾游数据监测分析

据统计，自驾来阿尔山的游客占比超过 80%，通过对进入阿尔山度假区的车辆进行监测，首先，可以估算出较准确的自驾游游客数量，便于精准调配旅游有关资源。其次，通过模型测算，可实时掌握度假区内车辆数量、进入景区车辆数量等一系列数据，为公安、交通部门开展交通疏导提供支撑。最后，通过对车辆牌照、车型等信息进行采集分析，可为阿尔山旅游营销提供精确数据支撑。

我们大胆创新，围绕数据监测需求，将传统交通流量监测系统与自驾游监测需求结合起来，应该说在全国都是首创。

一是构建全域采集系统。在阿尔山国家旅游度假区范围内所有主干道路立杆架设高清摄像设备（图 10-9）。高清卡口系统是采用先进的光电技术、图像处理技术、模式识别技术对过往的每一辆汽车均拍下车辆的图像，并自动识别出车辆的牌照，所采集到的车辆的信息数据均推送至平台数据库中。此外，在度假区外去往重点景区、机场的道路上也部署设备，确保了自驾车路线监测全覆盖。之所以采用全部新建方式，主要考虑是复用交警设备数据共享困难，经协调，交警部门同意复用部分道路横杆和电源。

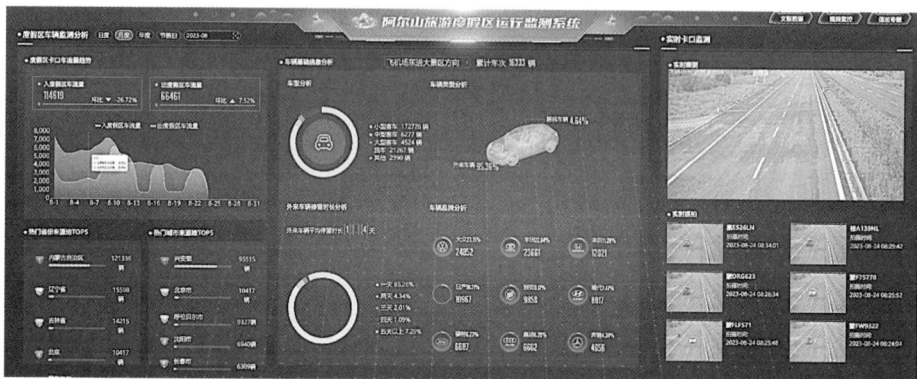

图 10-9　平台自驾游数据监测界面

二是构建估算模型。在现有车流算法基础上，围绕自驾游数据监测需求，重新构建估算模型。通过调取交警数据，基本掌握本地车辆车牌信息，通过与采集车牌比对，掌握外地旅游车辆数据。在算法中，加入排除逻辑，即通过长时间监测，将定期往返办事的车辆信息排除。采集设备可以区分车辆型号、品牌，将自驾车里越野车、小轿车和中巴数量计算出来，在算法支撑下，平台实现度假区内车辆数、外来车辆数等信息监测并提供车流数据查看分析，趋势变化，车牌客源地分析。

通过自驾游监测模块，平台对自驾游运行情况实现了实时监测，做到心中有数。

10.4.2　住宿监测分析

住宿数据是旅游行业运行数据的重要组成部分（图 10-10）。主要有两个方面，一是基础资源监测分析。对度假区内的酒店资源进行摸底统计，对相关酒店资源数据进行展示和分析。这部分数据由文旅部门定期统计排查，数据更新频率不必很高。二是过夜游客监测与分析。通过对接公安部门星级饭店（含已备案其他类型住宿）旅客住宿登记数据，实现对度假区内过夜游客数量以及游客画像的监测与统计。过夜游客数量监测统计，包括当日累计入住量、近三十天入住人数等。

过夜游客画像，包括过夜游客的客源地、性别等特征信息。

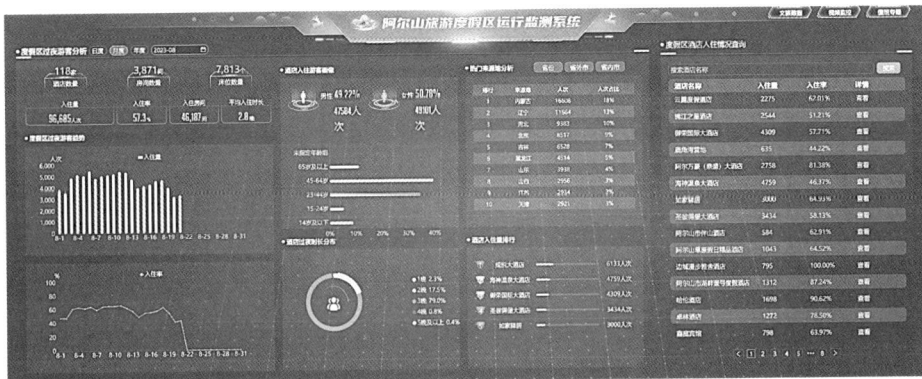

图 10-10　平台住宿数据监测界面

对接公安部门住宿数据是项目实施的难点。为此，我们组织多次市长办公会，破解数据导出安全性、游客隐私等问题。为此项目专门为公安部门开发一套程序，公安技术人员先手动将数据从系统导出，并进行隐私处理，再导入平台程序中。

10.4.3　团队游数据监测分析

文化和旅游各级部门对团队游管理比较规范，数字化程度较高。2018 年，文化和旅游部建成了全国统一的国家旅游监管服务平台，实现了旅行社、电子合同等数字化管理。

项目建设中，我们通过对接全国旅游监管服务平台，实时获取阿尔山旅游团队数据，实现了对阿尔山团队游情况全面掌握（图 10-11）。如可以实时掌握当天在阿尔山的旅游团队数量和团队游客数量，未来 14 天内将前往阿尔山的旅游团队数量和团队游客人数。这对于文化和旅游管理部门组织活动、开展针对性营销将提供精准数据参考。此外，还可以对参加团队游的游客信息进行深入分析，生成旅游团队游客画像，即热门客源地、游客性别、年龄段、停留时长等。

图 10-11　平台团队数据监测界面

对电子合同数据的分析，可以掌握来阿尔山旅游的旅行社订单情况，包括平均客单价、基于省份的客单价排名，从而掌握游客消费情况，为阿尔山制定旅游发展规划、开发旅游产品及服务提供依据，为面向目的地营销提供参考（图 10-12）。通过电子合同数据分析，我们将掌握旅行社开展阿尔山业务的经营情况，从而为制定奖补政策、定向扶持提供依据。此外，还可以及时发现平均客单价明显低于市场价的低价团，为提前处置游客纠纷提供了可能。

图 10-12　平台电子合同数据监测界面

10.4.4　大巴数据监测

旅游大巴承载游客众多，责任重大，首先，平台通过交通流量采集系统，发现并记录进入阿尔山的旅游大巴信息，并调用相应算法，实现对旅游大巴实时轨迹的监测。其次，通过与交通部门数据对接，将阿尔山本地大巴数据融合至平台，重点对本地大巴轨迹、车辆情况进行监测，并提供预警。最后，通过平台采集的大巴数据与全国旅游监管服务平台数据中旅行团组信息比对，我们将掌握乘坐大巴的旅行团信息，包括司机姓名、联系方式、导游信息，每个游客的基本信息，这将为保障游客安全、突发事件应对提供数据保障。

10.4.5　全域客流数据监测分析

除了自驾游、团队、住宿等重点旅游数据外，我们还对每日火车站出站人数、机场落地游客人数进行采集，由于铁道、机场均有垂直系统无法在县市层面对接，采用相关信息员在平台采集系统中填报的方式。

在项目实施中，我们为重点景区提供了票务系统和闸机设备，在提升接待服务数字化、智能化水平的基础上，做到了重点景区游客流量数据采集和监测。引入中国移动手机信令数据，实现全域游客量的监测。

10.5　旅游运行数据展示及指挥调度

10.5.1　阿尔山全域电子沙盘

在数据展示方面，除了常用的驾驶舱展示方式外，利用基于数字孪生和3DGIS融合技术，将阿尔山旅游度假区范围（9.51平方千米）打造成虚拟世界，实现了旅游运行数据展示创新。

利用3DGIS数字孪生技术，将阿尔山的全域线下实体文旅资源运营和线上虚拟导览打通。通过技术整合线上线下资源，打造"3DGIS+数字孪生底座"，通过漫游模式、自动漫游模式、俯瞰功能，让体验者能够全方位地感受阿尔山市的文旅风光，欣赏度假区的一街一景，沉浸在科技运用中，仿佛身临其境。同时还有日景夜景切换、天气模拟系统，大大丰富了感官体验。

项目建成了阿尔山市全域三维实景电子沙盘（包括山体、地形、水域、道路、行政区划、标牌等）；完成了阿尔山旅游度假区所有建筑的三维实景建模。其中 30 个建筑外立面根据照片及视频精细化建模，其余模型实现建筑外轮廓基本符合，同时根据照片、卫星影像及其他可参考素材进行白膜贴图。为了模拟真实世界中环境变化，采用动画效果，实现下雨、下雪、晴天、多云天气场景切换，实现昼夜场景切换，实现夏秋季节场景切换，并根据接入的实时天气场景同步。

10.5.2　预警及应急调度指挥

当发生涉旅安全事件时，及时预警并协调各部门进行处置，是智慧旅游管理服务平台的重要功能。在项目建设中，我们梳理了需要预警且及时处置的事件类型，共 4 类 20 余种。如游客遇险处置、极端天气、环境污染、游客服务纠纷等。文化和旅游管理部门职能有限，大部分事件处置需要协调政府各部门，如公安、市场监管、应急管理等部门。

为此，我们开发了平台预警及应急指挥调度模块，建立突发事件监测、预警、处置和反馈工作流程，形成了市政府统筹、文化和旅游管理部门牵头、党委政府各部门参与的市域旅游综合治理体系。一是实现突发事件统一监测、统一预警、统一处置。政府各部门按照突发事件分类，统一将监测信息推送至平台。由平台将突发事件分类并确定优先级，进行分发处置。二是旅游突发事件发生后，由平台值班人员统一向相关部门分派处置任务，并进行处置过程跟踪，按照事件管理模式，处置完成后进行结果确认，形成闭环。三是优化手机视频连线功能。现场处置人员可以通过手机端与指挥调度平台进行视频连线，将现场画面实时传输到后台管理平台上进行展示，便于管理人员了解现场情况及时做出正确、有效的指挥调度安排，同时手机端视频连线也便于主管领导异地、实时了解事发现场情况并及时下达指令。四是开发一键报警功能。在度假区微信小程序上设置一键报警窗口，游客遇到安全事件，可直接与现场值班人员视频通话，不需要安装软件。平台值班人员需要与游客通话时，也可直接呼叫（获取游客手机号的前提下）。

预警与指挥调度功能核心是视频调度软件。系统基于 WebRTC 技术，实现远程的实时视频流传输和音频对话，具有稳定性强、高清画质等特点。系统可以满足 8 人以上多线程接入，满足一对一任意切换、视频录制等，实现多人同步的远程会议视频通话功能。支持安卓、苹果等多款手机进行远程指挥功能。系统可支持通话者位置的实时定位功能，基于天地图展示多通话者的定位分布。可满足大屏端、手机端、PC 端等多终端展示，同时可支持手机实时直播传输功能，指挥中心可通过系统发送短信给现场工作人员，手机自动调取浏览器实现现场画面远程传输和实时通话。

10.6　线上旅游公共服务

面向游客提供全面、优质的线上旅游服务，是智慧旅游管理服务平台的核心内容。长期以来，阿尔山旅游仅有一个门户网站，其主要功能是信息发布，阿尔山各旅游主体，包括酒店、旅行社、景区、餐饮、商业、交通等数字化程度低，利用线上渠道开展业务意识不够，虽然各自建立了微信小程序、抖音快手账号，但缺乏平台化、注重运维的互联网思维，未形成总体效益。在项目规划和实施中，我们遵循互联网规律，提出阿尔山旅游线上总门户概念，调动各类资源统一运维推广，力求形成平台效应、品牌效应。

按照构建全网阿尔山旅游总门户的规划，我们建设了阿尔山旅游度假区网站、微信小程序，在抖音、小红书、快手等自媒体平台上注册阿尔山旅游度假区账号，在旅游服务中心、各主要酒店、重点景区均部署多功能一体机，形成了网上全平台、线上线下结合、信息发布与办事兼顾的旅游服务体系。

网站、微信小程序和线下一体机一方面信息统一管理发布，另一方面根据不同技术特点和应用场景，做到功能各有侧重，形成互补。顺应移动互联网主流趋势，将微信阿尔山全域旅游服务总入口作为重点。在小程序端有效整合阿尔山目的地旅游资源，实现区域旅游（景区景点、酒店民宿、美食餐厅、文化场馆、智能导航、行程助手等）为游客提供行前、行中、行后各类线上导览、咨询、导航、在线预约、旅游信息推送、旅游宣传、在线投诉、分享评价等服务。网站方面侧重信息发布和旅游形象展示，提供投诉、问卷调查等部分公共服务，购票、预约等功能提供入口，转入微信小程序提供服务。线下一体机围绕特定线下场景，在信息统一发布基础上，注重旅游形象展示，比如循环播放视频宣传片，具体线上服务提供入口转入小程序。

构建全体系旅游总入口的基础上，我们在形象展示、服务提供等方面均做了突破和创新。

在打造阿尔山旅游度假区品牌形象方面，一是利用部署的摄像头，开通云上阿尔山直播功能，在微信小程序、抖音快手等平台上播放，已开通了白狼峰、五里泉和阿尔山火车站三个点位。二是制作手绘地图。按照行政范围贴合 GIS 地理信息位置的绘制方式，制作阿尔山市全域和阿尔山旅游度假区手绘地图，地图上标明重点景区、主要交通路线、A 级景区村、标志性建筑。采用插画式手绘风格，符合旅游文化定位，将山水、特色景区、标志性建筑等内容以合适的组合方式进行体现；与当地文化完美融合。三是为阿尔山每个景区景点录制了语音讲解，并在微信、网站上为游客提供服务。

在创新线上服务方面，除了传统的景区预约购票、信息查询外，我们结合本地实际，利用智能化技术，为游客提供创新性服务。一是贯彻"景城融合"理念，阿尔山市常住人口少、外来游客多，在保障游客方便舒心旅游，为游客提供优质线上服务的基础上，平台还需通过对接的方式，协同业主与外部系统打通或链接，基于阿尔山现有城市服务能力，实现提供市民和游客日常生活所需的掌上缴费、民生信息查询、租车业务以及防疫等相关功能。比如，围绕阿尔山打车难问题，开发一键打车功能。二是按照旅游目的地全要素，为游客搜集整理吃住行娱购全面信息服务，同时提供本地旅游推荐信息。三是提供智能导航服务。为游客在旅游中，随身、随地、随时提供阿尔山市主要文旅资源的基础信息查询、地理位置查询、语音导览等服务。四是提供行程助手服务。基于人工智能技术，实现智能行程规划推荐，游客任意选择出行时间、出行类型、游玩强度、偏好景区、酒店以及出行方式，系统将根据大数据综合算法，自动生成游玩线路的选择，包含景区、酒店、交通、线路规划、美食等推荐内容，全面提升游客行前服务功能。此外，围绕阿尔山举行的文化和旅游活动，提供网上报名，并开展社群营销和游客互动，鼓励游客将阿尔山照片、攻略上传至平台，形成阿尔山旅游内容分享平台。

10.7　智慧旅游运维及推广

运维和推广是智慧旅游管理服务平台发挥作用最重要的一环。在项目前期规划阶段，我们提出提前考虑运维推广，以运维推广为目标，引领平台功能规划和建设。注重后续运维的连续性，充分估计运维工作难度，在招标阶段，我们将聘请专业团队提供三年运维服务列入招标文件内容，并在合同中明确约定。在实施阶段，运维团队提前介入，对软件功能、实施效果提供咨询和审查服务。项目完成后，我们要求运维团队提交专项运维方案，并经市政府常务会议审议通过。在运维阶段，我们协调文化和旅游局、阿尔山文化和旅游投资公司和各景区管理部门，聘请网红达人，形成运维推广合力，开展一系列系统性推广活动，取得较好效果。

10.7.1　明确运维推广目标

围绕阿尔山旅游度假区建设运营及辐射周边旅游的总目标，结合当地出行特色、在地文化、旅游产品、本地服务等，策划运营阿尔山市景区资源、资讯列表、主题攻略、产品服务等板块，整体分为内容运营、商家运营、产品运营、用户运营、活动运营、流量推广运营六大体系，以创建国家旅游度假区为总目标，打造"巍巍大兴安，梦幻阿尔山"的美好生活画卷。围绕三个方面推动智慧旅游管理服务平台成为阿尔山旅游总入口。

一是政府特色公共服务的总入口，让游客获取网上没有的信息，如打车服务、线下文化场馆的预约、客流量查询，等等。

二是地方特色文化感知的总入口，让游客深度了解阿尔山的地方文化，如名人故事、非遗活动、文化解读，等等。

三是地方活动推广发布的总入口，让游客可以通过平台报名、参与阿尔山各季节的活动，让活动更加有影响力和参与感。

10.7.2　具体工作内容

围绕以上目标，细化梳理出 6 个方面运维推广具体工作。

一是内容运营。采集当地关于食、住、行、游、购、娱的 POI 兴趣资源点不少于 300 个。每周更新 2 篇关于阿尔山地方旅游资讯的文章。采集当地不同季节特色线路行程不少于 16 条。当地深度游玩的攻略文章不少于 40 篇。公众号服务号运营，每周更新 2 篇。

二是商家运营。对接 200 家阿尔山境内相关酒店住宿和文创特产类的商家资源，并形成产品，进行订单的推广结算。

三是产品运营。负责商家产品在平台上的运营和维护，包括商品编辑、上下架处理、更新等。

四是用户运营。负责平台用户运营体系搭建，建设围绕阿尔山智慧旅游私域社群以及负责所有商品的咨询、订单交易的处理、投诉、退款等相关运营工作。

五是活动运营。每年根据季节，调整不少于 10 次的线上专题活动更新；同时不少于 2 次的特卖类定制促销活动。

六是流量推广。策划设置新颖有趣的微博互动打卡话题不少于 3 次，话题总阅读量不低于 5000 万，微博热搜 1 个以上。微博百万粉丝级别达人不少于 20 人进行分发。在抖音、快手、视频号内更新发布关于阿尔山的相关短视频内容不少于 200 条，达人采风不少于 10 人。总播放量不少于 1500 万。小红书和大众点评关于阿尔山的笔记更新数不少于 500 条，达人采风不少于 10 人，总阅读量不少于 100 万。在 B 站更新发布关于阿尔山的视频介绍不少于 10 条，每条视频长度不少于 5 分钟，万粉达人采风不少于 5 人。微信公众号粉丝量 30 万以上的账号不少于 5 个，每个账号发布不少于 2 篇阿尔山的深度攻略文章。

10.7.3 内容运营

平台运营内容是核心，特别是内容的丰富度和精美度。一方面，要根据细分市场的不同需求提供内容资讯攻略，另一方面也要根据地方的特色，突出在地文化。比如：亲子人群在阿尔山怎么玩？自驾游在阿尔山怎么玩？时尚艺术爱好者在阿尔山怎么玩？爱摄影的怎么玩？等等。根据不同的人群，匹配阿尔山的特色资源和内容。

主要有以下几个方面。

（一）兴趣资源点（POI）

基础兴趣资源点是指围绕阿尔山文旅业态相关的基础资源信息，包括酒店、民宿、景点、餐饮、文化场馆、娱乐休闲、各类基地等进行采编工作，并根据地址、图片、营业时间等字段、标签、分类形成兴趣基础资源库，进而可以围绕美食、美景、玩乐购物四大类为基准策划兴趣资源点专题，形成例如"森林漫游""古道漫步""林俗文化""特产风物"等特色专题攻略，为游客解决出游前信息落后、玩法单一等问题。

（二）资讯文章

非攻略类出行指南等常规服务资讯信息，包括当地热门资讯、出行服务、活动预报等，展示阿尔山市文旅动向、文旅活动总览，推广地方特色活动，具体来源为阿尔山市各部门官方账号。

（三）线路行程

根据阿尔山市特色点位资源行程定制线路主题，以季节性、区域特点、人群特点策划相关行程主题，进行点位规划，整合策划一日游、二日游、多日游、主题游等线路，形成相关路线进行展示，并包括游玩过程中餐饮、住宿等沿路推荐，从食、住、游、玩、购为游客提供深度游玩攻略引导。

（四）攻略文章

结合地方特色资源，经过策划后形成的目的地介绍、美食特产、人文解读、红色研学等专题，形成本地深度文化解读、旅游攻略专题。

（五）公众号运营

确定主力公众号，对公众号的内容、排版等进行提升改造，同时整合阿尔山市现有公众号资源，如"阿尔山文化和旅游体育局""阿尔山融媒体中心""阿尔山旅游度假区"等相关文旅公众号，形成宣发矩阵，挖掘策划"当季主推""本地新玩法""小众攻略""寻味探店"等系列主题，并定期进行线下采编，以公众号矩阵为宣传平台进行原创文章发布，以扩散影响力，吸引不同游客群体。

10.7.4　活动运营

平台活跃度的核心是活动的数量和质量，通过平台丰富多彩的专题活动、福利活动、创意活动，与游客拉近距离。

活动的组织策划，一方面结合当地"林俗树皮画""篝火音乐节""圣水乐活季""冰雪运动节"等特色文旅活动进行系列线上线下活动创意策划，结合抽奖活动通过平台及全媒体渠道进行宣传推广，加强旅游形象宣传推广，扩大旅游品牌影响力。另一方面，利用优质产品资源，联动景区、酒店民宿商家、文创特产商家等旅游市场主体，进行线上特卖类定制促销活动，激活阿尔山旅游产业消费市场。同时，通过商家的限时特价、秒杀、福利优惠等形式，建立私域流量池。

10.7.5　流量推广

流量推广运营分为线上和线下。线上主要围绕"巍巍大兴安，梦幻阿尔山"为核心内容方向，根据阿尔山不同时节的活动和节庆特点，策划一批形式新颖，亮点独特的内容选题。同时，整合微博、抖音、小红书、B站、微信视频号等全媒体的达人资源，针对阿尔山全域旅游进行推广宣传。线下主要根据游客在阿尔山游玩过程中不同的触点，提供在线下场景中游客需要的服务和内容，如在餐厅的桌牌上放置阿尔山特色玩法、交通服务的查询，在酒店的床头柜放置导视牌查询周边的攻略，在线下的景区放置扫码线上购票的入口，在旅游厕所、旅游驿站等旅游公共服务设施放置自助抽纸机，等等。此外，在各大城市的办公室电梯广告，或者在公共场所设置传送门，做一些特色的广告创意宣传。

线上的执行有以下几个方面。

一是策划选题。及时了解市场变化和环境特点。对未来一段时间内可能的社会环境、政治环境、经济环境等变化趋势做到心中有数。挖掘每个不同渠道的特点和流量趋势，比如抖音以生活方式探店、文化解读为切口，微博以话题制造为特色等，根据每个不同渠道策划一批特色选题。

二是整合达人。根据不同渠道的特点，结合项目的目标受众客群定位的特点。在全媒体渠道上整合一帮有观点、有趣味、有文化的KOL达人。协助达人一起创作有趣、有内涵的内容。

三是制造热度。结合微博话题、抖音热榜话题等营销方式，创意策划可被广泛传播的话题亮点。包括主题亮点、文案亮点、图片亮点、短视频亮点等等。通过全媒体渠道和达人的传播，制造一波热度。

10.7.6　自媒体推广

以微博、抖音、快手、小红书为重点，根据不同平台特点，制定有针对性的推广策略。

微博主要以话题的热度上榜和社会舆情监测为主要核心，分析监测相关内容的舆情走向，及时提供舆情反馈。微博话题策划以新闻热点事件为话题核心，#大森林里铺设"氧心"浴道、#国内最好的滑雪场、#阿尔山首个五星酒店、#绿色植被覆盖率达95%、#国内最美火车站等，通过微博互动和达人账号共同推动话题热度。

抖音、快手、微信视频号（视觉冲击＋内容文案）以短视频为主的视觉冲击，吸引用户兴趣，给目的地带来热度，刺激出行心理。视频风格一是文艺清新类。有故事的建筑和特色的建筑风格，搭配浪漫文艺的文案与温柔的配音。二是深度游玩类。阿尔山踩线深度游玩视频攻略，沉浸式感受阿尔山自然风光。三是探店打卡类。网红潮人在餐饮类、购物类、展馆类、景观类点位进行打卡，加上拍照打卡推荐地文案。四是红色研学类。主要为宣传研学文化，采风视频加上专业的介绍文案。

小红书以生活方式探寻，推荐好玩有特色的种草为主。主题为东方"小瑞士"、北纬47°、小众宝藏旅行地、国内最美滑雪地、《亲爱的客栈2》取景地、拍照胜地、洗肺胜地等。内容为以拍照出片、探店打卡、攻略分享等种草内容为主要方式的传播。

B站以年轻人的视角为主，探寻绝美自然风光与新潮玩法的完美结合。主题示例为【在北纬47°6天5夜是什么样的体验】：不仅有旅游场景，还有在地生活体验场景，将游客视角的旅游视频升级为深度感受自然风光与生活方式的视频。【去啥北海道，国内这个滑雪场更香！】：冬天的阿尔山，静谧安稳、银装素裹，宛如童话般的冰雪世界。这里有长达7个月的冰雪期，雪期长、雪质好，积雪厚度平均超过350毫米，加上特殊的山形地貌，为开展冰雪运动和冰雪旅游提供了无与伦比的资源。【第一视角穿越蘑阿公路，邂逅秋季最美阿尔山】：在金秋十月穿越蘑阿公路，好似车在画中游，蘑阿公路编号X313，全程大约480千米，是从扎兰屯市的蘑菇气镇到兴安盟的阿尔山市的一段县道，秋季的阿尔山，有着中国最美的秋色之一，林海滔滔，落叶松、樟子松、云杉、白桦簇拥在一起，层林尽染，叠翠流金，色彩斑斓，连绵不绝，让人心生陶醉。

10.7.7 线下推广

在阿尔山旅游度假区各主要场所设置线下推广点。主要放置位置有五里泉、森林浴道、雪村酒吧、温泉博物馆、火车站、鹿角湾游客服务中心、市游客服务中心、智慧旅游硬件、市内酒店宾馆、公共厕所、市区餐厅、公路、高速路口、出租车、伊尔施机场、特产店和商店等。线下推广点位放置数量约 350 个。

10.7.8 客群与定位分析

在项目实施和日常推广中，我们注重采取多种手段，分析来阿尔山旅游的人群画像（图 10-13）。根据分析结果，有针对性地采取线下线上推广和流量获取。从抖音数据可以看出，阿尔山目前客群地域分布大部分在我国东部和中部地区，以 24—40 岁中青年为主，男性占比偏高，但差距不大，用户兴趣分布较为集中，以时尚、美食、旅行为主（图 10-14）。

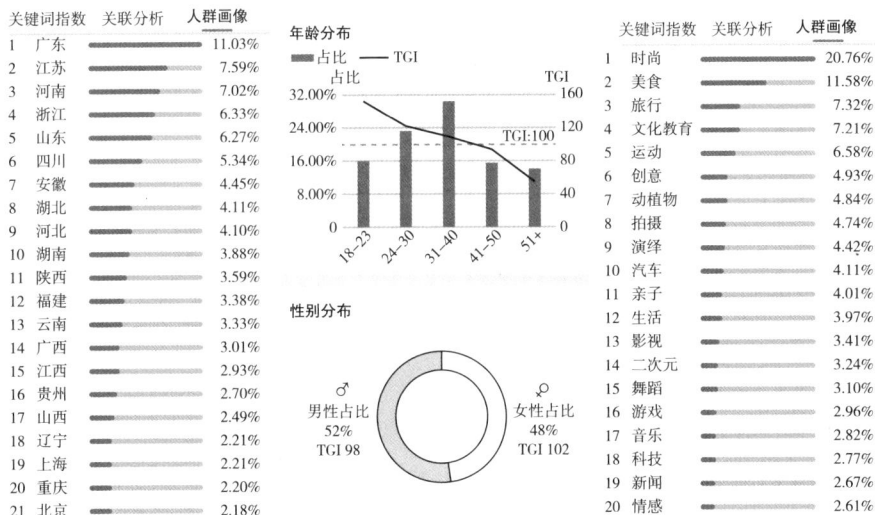

图 10-13 旅客画像界面

关键词指数	关联分析	人群画像
1 内蒙古		9.94%
2 广东		8.01%
3 江苏		6.68%
4 山东		6.37%
5 河南		5.76%
6 浙江		5.19%
7 河北		5.15%
8 四川		4.13%
9 辽宁		3.74%
10 安徽		3.69%
11 北京		3.36%
12 湖北		3.23%
13 陕西		3.21%
14 湖南		2.95%
15 山西		2.60%
16 福建		2.59%
17 黑龙江		2.45%
18 云南		2.38%
19 吉林		2.33%
20 广西		2.21%
21 江西		2.20%

年龄分布

性别分布

男性占比 66% TGI 125

女性占比 34% TGI 72

关键词指数	关联分析	人群画像
1 时尚		21.03%
2 美食		10.62%
3 旅行		7.26%
4 文化教育		7.08%
5 运动		6.17%
6 动植物		5.02%
7 创意		4.76%
8 拍摄		4.61%
9 汽车		4.41%
10 演绎		4.28%
11 亲子		4.12%
12 生活		4.09%
13 影视		3.44%
14 二次元		3.33%
15 游戏		3.24%
16 舞蹈		3.13%
17 科技		3.10%
18 音乐		2.98%
19 新闻		2.73%
20 军政法警		2.66%
21 情感		2.64%

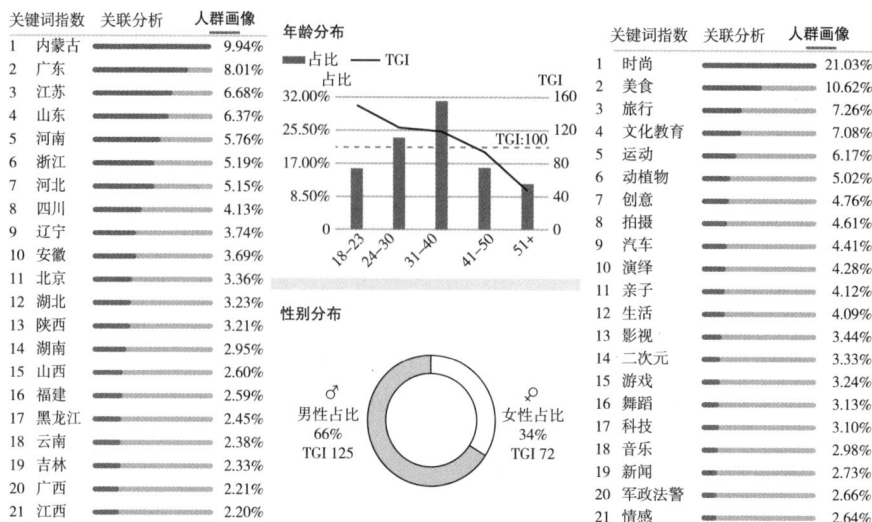

图 10-14　阿尔山客群画像

因此，阿尔山客群定位为以国内东部、中部以及东北地区 20—45 岁中青年为主要推广群体，宣传围绕时尚、美食、旅行等展现当下新生活态度为主的话题和内容。

在推广账号选择上，以东部、中部以及东北区域分发账号为主，围绕中青年男女性群体，在时尚、美食、旅行等相关兴趣类型账号宣发，拓展更多的用户，但同时确保精准的群体，如针对性别，对年轻运动类男性增加展示阿尔山越野、骑行、滑雪等类型视频和账号的投放，拓展更多的年轻女性团体则可对场景拍照、时尚打卡类视频账号加大投放。增加阿尔山旅游度假区短视频宣传的宽度与长度，最大限度地覆盖受众群体。

账号类型选择时尚达人号、旅游达人号、风景摄影号、美食号、亲子类游玩账号、生活记录号、旅游攻略推荐号、旅游或新闻官方号、素材剪辑号、文化解说号、阿尔山本地官方号、阿尔山本地生活号等。

抓特点、抓重点、抓全面
推动某核心业务平台安全平稳迁移

　　2021 年 10 月 31 日 24 时，某核心业务平台完成系统割接，标志着平台系统及数据完成了迁移，目前平台已通过割接观察期进入试运行阶段，迁移工作中的主要项目已完成初步验收，迁移经费预计在年底前全部执行完毕。

　　完成这样一个功能复杂、数据庞大的生产型信息系统的迁移，在文化和旅游部历史上还是首次。从召开第一次迁移工作沟通会至今，通过两年时间的艰苦努力，克服各种困难，我们将平台安全、平稳地迁移回部机关，受到了业务部门的高度认可，体现了信息化技术部门的工作水平和技术能力。在工作中我们积累了很多经验，也有不少遗憾和不足，应该认真总结经验，做到打一仗进一步，从而为今后的工作提供参考。

　　首先平台顺利回迁，归功于全体参与人员的共同努力，在迁移中我们做了很多工作，取得了较好效果，重点做好三个方面，即"抓特点、抓重点、抓全面"。

一、精心研究抓特点，做到精准施策

　　系统迁移是一项特殊的信息化建设工作，有许多不同于常规信息化项目的特点，有一系列特殊要求。

　　一是协调难度大。在迁移初期，平台建设运维公司对于迁移态度尚未明确，对于迁移后权益是否受损存在顾虑；信息化部门后期加入，与业务部门、平台建设运维公司均为首次合作，三方关注点不同，迁移工作缺少任何一方都无法顺利推进。如何照顾各方利益，统一思想，调动大家积极性是核心问题。前期业务部门推动迁移效果不佳，就有这方面原因。

二是工程量大、时间紧。迁移包括支撑环境搭建，系统数据迁移等多项工作，还包括网络安全、网络保障等多项辅助工作，比如支撑环境搭建，既要考虑平台适配性又要兼顾招标公正性，这就需要深入摸清平台技术路线、运行情况，工作任务较为繁重。时间方面，为了尽快完成回迁，先后召开多次办公会，迁移经费是预算调剂，真正到位是 2020 年 12 月初，除去招标采购时间，真正用于迁移的时间仅有 4 个多月。

三是技术先进且复杂。原平台部署在阿里公有云上，系统开发单位采用了云计算、大数据等一系列近几年出现的互联网技术，特别是云原生、容器等技术，我们是第一次接触，特别是搭建私有云带来的一系列问题，对我们来说都是新的课题。

综合上述特点，我们感到迁移工作艰苦复杂程度是少有的，全部参与人员心里都有压力，有疑虑，担心能不能顺利完成。

经过认真分析，针对三方意见不一致的问题，我们与业务司局形成互相支持、互相信任、联系紧密的工作机制，在业务司局的有力协调下，通过项目组形成，慢慢引导、推动系统开发单位放下顾虑、积极参与，确保项目平稳推进。

针对技术新、工作量大等问题，抽调技术骨干，加强学习，短时间内掌握了云计算等先进技术；注重利用专家力量，在关键技术和关键阶段上，召开多次专家论证会，确保项目实施科学性合理性。总之，通过对以上工作特殊性的把握，我们围绕问题对症下药、精准施策，保证了工作方向不偏，工作效果不走样。

二、集中力量抓重点，用重点带动全局

我们注意抓住迁移各个阶段的重点，把主要的精力、资源放在这些地方，

通过各阶段重点问题的解决，推动迁移各阶段平稳推进和有序衔接。

第一要抓得准。我们将迁移分为前期准备、招标采购、环境搭建、数据迁移及割接、安全整改和后期运维六个阶段，将各阶段制约迁移最大的问题设置成重点工作。比如，在2020年前半年项目前期准备阶段，我们把迁移方案编制和预算申请作为重点。因为没有经费支持，项目无法启动，我们从设备采购、网络租金一项一项认真落实，通过广泛市场调研、详细测算，确定了迁移经费预算，现在回头看各分项采购金额与经费测算基本符合，确保了迁移顺利开展，保障预算执行，反映了前期重点工作抓得准，做得很扎实。

第二要抓得狠。重点工作一旦确定，我们就毫不含糊地狠抓落实。比如系统正式割接是数据迁移与系统割接阶段的重点工作，前期我们做了充分准备，制定了详细割接方案，主要领导召开会议专题研究。但割接前我们还面临各种问题，私有云环境运行不稳定、数据迁移进度不理想、安全存在隐患等。但我们认为割接是迁移工作牛鼻子，必须毫不动摇地坚持时间节点，提出一切服从于割接，先割接再完善。通过割接，既带动了一系列问题解决，又有利于下一步安全整改的开展，取得全盘皆活的效果。

第三要跟得上。在迁移不同阶段，工作重点不同，随着工作的推进，重点也发生变化，必须随时跟上变化。比如，环境搭建、迁移割接与安全整改的阶段转换，私有云搭建是我们环境搭建的重点，设备购置、到货时间抓得很紧，半个月时间就全部到位。在私有云软件搭建尚未全部完成的时候，我们及时认识到重点转化，提出了环境搭建与平台测试系统搭建同步开展，既节约了时间，又搭建同步测试互相促进，取得很好效果。再比如，在平台割接前，等级保护测评团队要求软件开发团队配合开展测评，而软件开发团队正在全力搭建测试系统、迁移数据，测评团队工作重点从测评转向保安全，确保割接正常完成。而割接完成后，测评就是重点，通过测评发现问题、规范运维，接力棒从系统开发团队传到了测评团队，我们要求系统开发团队要全力配合测评团队开展各方面测评，做到了重点突出、有序衔接。

此外，我们非常注重处理好阶段性和连续性的关系，通过科学划分迁移阶段，在一个时间段内提出相对稳定的工作目标和具体口号，避免"拼着命地干，一个劲地变，不知到哪儿算一站"的瞎指挥情况，明确了目标，统一了思想，鼓舞了干劲，同时通过阶段划分，配合部门可以提前准备下一阶段的工作，从而提高了工作效率。

三、统筹兼顾抓全面，做到安全规范

在确保平台如期高质量完成迁移的同时，我们还注重迁移中的安全性和规范性问题，将安全、规范的目标贯穿各阶段。一是安全整改。平台存储大量公民隐私数据，一旦泄露后果不堪设想，我们推动迁移和等级保护、密码应用测评多项工作同步实施，根据时间进度，合理安排各项工作开始时间，要求不受其他工作影响的要尽量往前赶，需要协同推进的要把握好时间，如在割接前启动平台应用整改项目，通过科学规划，我们在迁移前夕完成了整改项目招标工作，实现同步搭建系统同步整改的效果。二是提前开展评估。安排第三方公司对平台进行评估，摸清模块、数据情况，做到了家底清晰、情况明确，同时与网络攻防演练前的漏洞扫描等工作一并开展，节约了迁移经费。三是建立有力的平台迁移工作机制。成立业务部门、信息化部门相关处室、各参建单位组成的工作组，每周召开例会，交流情况、解决问题，会后编写纪要，会前对账，既随时通报迁移进展情况，又确保工作规范性。

四、下一步工作建议

通过迁移，我们对平台功能、应用情况、数据情况有了深入了解，对业务部门的业务需求有了新的认识，对迁移后平台日常运行、网络安全和功能扩展进行思考，建议做好以下三方面工作。

一是优化架构。此次仅仅是将平台原封不动迁移回来，未进行功能调整和架构优化，应该立足文化和旅游两方面工作，紧扣数据汇聚分析核心需求，在架构层面推动多个平台的数据整合，构建统一的数据仓库，与统一平台进行对接，从而实现系统和数据的整合。

　　二是持续投入。现有支撑环境仅能支撑现有平台，下一步需要功能扩展，需要持续推动私有云扩容，特别是数据备份、两地三中心建设等方面需要持续发力，确保平台稳定运行。

　　三是加强运维。以等保测评为契机，建立规范运维制度，厘清业务、信息化、建设运维公司的责任分工，保障平台数据安全。

责任编辑：刘志龙　刘　影
责任印制：闫立中
封面设计：中文天地

图书在版编目（CIP）数据

互联网、大数据和人工智能：文化和旅游数字化
技术方法论 / 邢波著 . —— 北京：中国旅游出版社，
2025.5. —— ISBN 978-7-5032-7573-9

Ⅰ . G12-39；F592.3-39

中国国家版本馆 CIP 数据核字第 2025U9L642 号

书　　名：互联网、大数据和人工智能：文化和旅游数字化技术方法论

作　　者：邢波 著
出版发行：中国旅游出版社
　　　　　（北京静安东里 6 号　邮编：100028）
　　　　　https://www.cttp.net.cn　E-mail: cttp@mct.gov.cn
　　　　　营销中心电话：010-57377103，010-57377106
排　　版：北京中文天地文化艺术有限公司
印　　刷：北京工商事务印刷有限公司
版　　次：2025 年 5 月第 1 版　2025 年 5 月第 1 次印刷
开　　本：720 毫米 ×970 毫米　1/16
印　　张：14.5
字　　数：206 千
定　　价：68.00 元
ＩＳＢＮ　978-7-5032-7573-9

版权所有　翻印必究
如发现质量问题，请直接与营销中心联系调换